维柯著作集

Giambattista
VICO

论意大利最古老的智慧

从拉丁语源发掘而来

[意] 维柯 著　张小勇 译

上海人民出版社

中文版序言

意大利全国研究理事会（CNR）维柯研究中心（Centro di Studi Vichiani）衷心欢迎加姆巴蒂斯达·维柯（Giambattista Vico）的系列著作在中国翻译出版。维柯是意大利最伟大的哲学家之一，张小勇在从事维柯翻译工作的这几年中，跟我们有过多次合作。我们最初认识他是在 2005 年 10 月，那时他来到那不勒斯参加"维柯与东方：中国、日本和韩国"国际研讨会。他在发言中解释了他将维柯的拉丁文作品译成中文时所采取的标准。[1] 后来他获得中国国家留学基金奖学金，2008—2009 整个学年在我们的研究所做客。他泡在我们的图书馆，时常跟我们的研究人员见面探讨，既探讨单个术语的意义和翻译，也探讨对维柯思想总体的解释。

维柯研究中心是在皮埃特罗·皮奥瓦尼（Pietro Piovani）的倡议下，作为一个学术研究团体，于 20 世纪 60 年代末在那不勒斯成立的，其后继领导者先后有富勒维奥·特希托雷（Fulvio Tessitore）和朱塞佩·卡恰托雷（Giuseppe Cacciatore）。它在 20 世纪 80 年代初成为意大利全国研究理事会的分支机构。维柯研究中心的主要宗旨曾是，现在也仍然是推进自由而开放的维柯思想研究，自由是指不拘于成见俗套，开放则是面向不同的解释，但前提基础是要对文本从语文学角度来精心释读。正是出于这个目的，维柯研究中心自成立之日起所承担的首要的也是基本的任务就是，开始并完成维柯著作的系列批判版。该版本的初级目标是仔细严谨地核对由朱塞佩·费拉里（Giuseppe Ferrari）在 19 世纪和后来由贝内德托·克

---

[1] D.Armando, F.Masini, M.Sanna（eds.）, *Vico e l'Oriente*：*Cina*，*Giappone*，*Corea*. Atti del Convegno Internazionale（Napoli，10—12 Novembre 2005），Roma，Tiellemedia，2008，pp.339—342.

罗齐（Benedetto Croce）与福斯托·尼科里尼（Fausto Nicolini）在20世纪提供的文本。克罗齐和尼科里尼的版本作为拉泰尔扎出版社（Editore Laterza）的宏伟系列"意大利作家"（Scrittori d'Italia）之一种，出版于1914—1941年间，它提供了一个有意简化的现代的维柯著作版本，其目的是将维柯从意大利传统文化中拯救出来。在使这些被传统忘却的作品便于阅读的过程中，克罗齐和尼科里尼没有逐字逐句忠实于原文。他们大量修改标点符号，改变拼写形式，插入方便阅读的段首，不拘小节地干涉文本。所有这些都属于一个特别的语文学时期。由于维柯研究中心的工作，人们可以认为，如今这个时期已经彻底宣告结束，维柯的著作已经有了更为可靠的版本。

迄今为止，维柯研究中心已经按照批判版预定的总计划出版了8卷，[1] 其中包括维柯主要著作《新科学》未曾出版的1730年版。之后，在2012年将出版此书最为人所熟知的最终版本1744年版的批判版。这几卷书不仅在语文学规则，而且在外语翻译问题上引起了活跃而持久的争论。维柯翻译自19世纪后半叶就开始增加，而后逐渐扩展到新的国家和地区，[2] 在这个过程中，那不勒斯研究中心的批判版文本得到了越来越多的利用。

除了批判版工作，维柯研究中心还有其他重要的编辑创举，特别是"维柯研究"（Studi Vichiani）文库和《维柯研究中心学报》（BCSV）杂志。这些编辑活动总是追随维柯的教导，即让语文学层

---

[1] G.G.Visconti（ed.），*Le orazioni inaugurali.I—VI*，Bologna，Il Mulino，1982；C.Pandolfi（ed.），*La congiura dei principi napoletani*，Napoli，Morano，1992；M.Sanna（ed.），*Epistole.Con aggiunte le epistole dei suoi corrispondenti*，Napoli，Morano，1992；G.G.Visconti（ed.），*Varia.Il "De mente heroica" e gli scritti latini minori*，Napoli，Guida，1996；M.Sanna（ed.），*Le gesta di A.Carafa*，Napoli，Guida，1997；G.G.Visconti（ed.），*Minora.Scritti latini storici e d'occasione*，Napoli，Guida，2000；P.Cristofolini，M.Sanna（eds.），*La scienza nuova 1730*，Napoli，Guida，2004；G.G.Visconti（ed.），*Le iscrizioni e le composizioni latine*，Napoli，Guida，2004.

[2] 关于《维柯与东方》（*Vico e l'Oriente*）出版以前的情况，卡恰托雷的报告仍然有用［参见 G.Cacciatore，A.Stile（eds.），*L'edizione critica di Vico*：*bilanci e prospettive*，Napoli，Guida，1997］，另外，还有五年一期的《维柯研究文献》（*Bibliografia vichiana*）。

面与哲学层面保持平衡。

　　这个立场在 2001 年由于有了新的动力而得以保持并发展。那年，维柯研究中心并入意大利全国研究理事会下属现代科学与哲学思想史研究所（ISPF），从而不仅在学术地域上，而且在学术领域上都得到了扩展。由于计算机技术的帮助和网络的应用，[1]这些年里我们同全世界关心维柯思想的学者们加强了联系，维柯研究中心总是给予他们特别的高度关注。维柯研究中心始终有兴趣了解维柯思想的传播，跟来自欧洲、美国、南美洲的学者们保持着紧密联系。在最近十年来，除了这些地区，我们跟远东国家的联系也越来越紧密，其中，首先是跟中国的联系。汉学家马西尼（Federico Masini）帮助我们跨越了这个对我们来说仍未探索的区域的语言障碍。他在 2004年发表了一篇文章，阐释了中国维柯研究的起源以及最近的研究方向。他的文章表明，对这位那不勒斯哲学家的兴趣已经扩散到中国许多大学的校园，从北京到上海，从武汉到延安。[2]维柯研究中心每隔 5 年就编纂一部《维柯研究文献》，包括全世界出版的维柯本人和关于维柯的著作，其中就介绍了在 2001—2005 年间出现的 10 篇中文评论，而在 2006—2010 年间又有 2 篇。[3]正如马西尼所强调的那样，也正如在"维柯与东方"学术研讨会上所显现的那样，维柯在中国以及其他邻近国家所引起的兴趣似乎有着不同起源。马克思主义历史编纂学和英美学术界的研究，特别是中国的文化传统，对这种兴趣起了作用。实际上，维柯思想的特征之一就是批判笛卡尔所表述的西方理性主义，正是因为这个原因，维柯才被借来代表东

---

[1] 自 2009 年起，现代科学与哲学思想史研究所创立了以"维柯门户"（Portale Vico）为名的门户网站，汇集维柯作品及维柯研究资料：http://www.giambattistavico.it。此前，自 2004 年起，就开始出版电子杂志 ISPF-LAB：http://www.ispf-lab.cnr.it。

[2] F.Masini, "Vico in Cina e la Cina in Vico", in *Bollettino del Centro di Studi Vichiani*, XXXIV, 2004, pp.269—282.

[3] D.Armando, M.Riccio, *Settimo contributo alla bibliografia vichiana*, Roma, Edizioni di Storia e Letteratura, 2008; A.Scognamiglio, *Ottavo contributo alla bibliografia vichiana*, Roma, Edizioni di Storia e Letteratura, 2012.

西哲学的碰撞点。

2005 年的研讨会自然而然体现了发展意大利和中国维柯研究者之间关系的一个非常重要的时刻。[1]值此机会，意大利的哲学家、历史学家和语言学家们凸显了维柯完成的重要的独创性工作，他将东方也融入他的历史理论、社会起源理论和语言理论当中。而东方世界在维柯时代的意大利还只有很少的资料，由旅行者和传教士传递过来。从亚洲来到这里的学者们向我们揭示了在他们国家，维柯研究的成果是多么丰厚。中国北京大学历史系主任、历史学教授高毅描绘了中国的西方历史研究的一般画卷；上海社会科学院的陆晓禾研究员用中文和英文写过许多维柯研究作品，她在会上解释了参考研究这位那不勒斯哲学家的著作，如何能够在下述方面起到根本作用，即重建中国哲学基础，并使之有能力对当代社会问题作出回答；香港城市大学比较文学教授张隆溪强调了维柯遗产在跨文化研究和东西方沟通上的重要性。在该研讨会上，另一个汉学家萨巴蒂尼（Mario Sabattini）深化了哲学家和文学批评家朱光潜的形象，后者是将维柯《新科学》译成中文的第一人，该译文最初出版于1986 年。

朱光潜并没有从意大利原文，而是从英译本来翻译《新科学》，[2]后来维柯作品的翻译也大都是以英译本为基础转译的；只有陆晓禾在从利昂·庞帕（Leon Pompa）选编的《维柯选集》（*Selected Works*）英译本翻译的同时，参考了意大利原文。相反在日本，首先是上村忠男（Uemura Tadao）直接从意大利文和拉丁文翻译了许多维柯作品，韩国 Cho Hanook 在翻译《新科学》时也是如此。张小勇的新的译作非常重要，正是因为它们是直接从原文将维柯作品译成中文的系列翻译的开端。维柯是一位思想复杂、难于解释的哲学家，他的作品也充满了细腻色彩，而这只有熟知他的语言才能充分深入

---

[1] D.Armando, F.Masini, M.Sanna（eds.），*Vico e l'Oriente*: *Cina*, *Giappone*, *Corea*, cit.

[2] Cfr.Zhu Guangqian, "Postcript", in *New Vico Studies*, V, 1987, pp.186—188.

地理解。因此，张小勇的翻译满足了深入理解维柯文本的急切需要，而这也是维柯研究中心所开展的批判版工作的基础，同样也是对18世纪那不勒斯思想家编纂的原始文本的尊重。我们研究所提供了维柯文本的电子光盘，张小勇在那不勒斯留学期间，以及回到中国之后，就参考利用了这些原始文本。

从语言角度来看，在这部珍贵的译著中所包含的维柯作品特别复杂。译者在翻译过程中使用了保罗·克里斯托弗里尼（Paolo Cristofolini）编订的《维柯哲学著作选》（*Opere filosofiche*）所提供的拉丁文本，因而避免了通过意大利文转译的障碍。这展现了一种正确的方法论立场，当然应作为典范，但更重要的是，这一翻译工作使得更多的、更广泛的读者大众能够跟我们一起来厘清，什么是久存于我们心中的"维柯问题"。我们祝贺张小勇获得成功，并祝愿他在这条路上继续走下去。

意大利维柯研究中心
Manuela Sanna,
David Armando
2012 年 2 月

2019 年版序言

　　维柯的代表作《新科学》1744 年版根据意大利文原文的重译即将完成，为此上海人民出版社的任俊萍编辑和王笑潇编辑希望再次校订出版维柯的两个重要文本，《大学开学典礼演讲集》和《论意大利最古老的智慧》。这次校订工作依据的是意大利维柯研究中心主任玛努艾拉·萨娜（Manuela Sanna）教授所提供的文本（Giambattista Vico, *De antiquissima Italorum sapientia*, con traduzione italiana a fronte, a cura di Manuela Sanna, Roma, 2005, Edizioni di storia e letteretura），并参考了她的译文，之前译本根据的是克里斯托弗里尼（Paolo Cristofolini）的本子，两个本子的段落划分有些不同，萨娜教授的本子忠实于第一版和手稿，克里斯托弗里尼的本子则把较长的段落做了合理的分拆。此次校订根据笑潇编辑的建议，按照萨娜教授的文本，合并了之前译本分拆的段落，并把摘要放在正文边侧。

　　在此要特别感谢笑潇编辑极其认真仔细的校对工作。《论意大利最古老的智慧》的正文原文是拉丁文，两个答复的原文是意大利文，笑潇虽然是根据英译本进行校对，但仍然一丝不苟，字斟句酌，其敬业精神也感染了译者，一度决心要从原文一字一句地重新校译全书，但因时间有限，仅仅完成了一部分，后面主要根据笑潇提出的疑问和建议进行修订。译者在多年前翻译时没有细读英译本，当然拉丁文的理解能力也有限，好在有笑潇此次的仔细校订，让译者发现了文本理解和翻译当中出现的不少问题甚至错误，也为当年的初生牛犊不怕虎而汗颜。以后在翻译工作中当更加战战兢兢，如履薄冰。谨以此为志。

张小勇

2019 年 6 月

2013 年版序言

值此再版之际，译者重新审阅了全部译文，修订了部分错误，并力求让译文更加清楚流畅，但最主要的是，译者更改了本书关键概念 verum 的译名，由此可能造成读者阅读上的不便，特请谅解译者的良苦用心。在一般场合中，verum 一词被译作"真实"，意即真实的东西，涵盖了真理和真相两种真实对象，但在主要涉及真理的场合，仍然译作"真理"。因此，"真实与创造相互转化"的原则可以有两种表达方式："真理与创造相互转化"和"真相与创造相互转化"。这一原则的实质精神，就是真实的东西必定是创造出来的东西，而创造出来的必定就是真实的。关于译名选择的详细情况请参见译注。

关于这次译名的更改，译者特别在意大利那不勒斯维柯研究中心作了题为《我的维柯翻译与维柯的真理问题》的报告，得到了有关专家的支持和理解，该报告已在《维柯研究中心学报》发表。在该报告中，译者倾向于使用"真的"来作为 verum 的译名。实际上，译者首先选择的是"真的"。但考虑到"真的"这个译名似乎较难在学界通行，而"真实"似更容易使人理解，只要读者谨记，"真实"指的是"真实之物"，亦即真理和真相。权衡两个译名的得失，"真实"似更优，遂决定采用。当然，这也涉及译者对维柯思想的理解和把握，总有见仁见智之处。译者导言仅更改了部分译名，其他内容并无变化，因为其中所谈，乃是维柯关于数学真理与物理真理的本性问题，基本上都在"真理"范围之内。

在此要衷心感谢上海人民出版社的任俊萍编辑及其同仁，承蒙垂青，能够有机会重修旧译，献给读者更加忠实可靠的译本。也衷心感谢维柯研究中心的专家同仁们，他们一如既往地支持译者的维柯翻译和研究，提供维柯作品的最新校订本。本次校订工作正是根据维柯研究中心主任玛努艾拉·萨娜（Manuela Sanna）的最新校译本进行的。

张小勇

2013 年 4 月

译者导言

概要介绍

加姆巴蒂斯达·维柯（1668—1744）是近代意大利最伟大的民族哲学家。随着维柯著作的各种译本的问世，人们逐渐承认，他完全可以称得上是世界近代史上最伟大的思想家之一。他在哲学、历史学、语文学、法学、美学、教育学、人类学、宗教学等各个方面，都有不凡的开拓创新，而且有很多思想至今仍然在等待着我们来理解。维柯最伟大的代表作就是《新科学》，该书共有三个版本，第一版《关于各民族本性的新科学的诸原则，凭借这门新科学就可以发现民族自然法的新体系的诸原则》发表于1725年；第二版《关于各民族共同本性的新科学的诸原则，书五卷》发表于1730年；这两个版本差别甚大，宛如两部书。第三版《关于各民族共同本性的新科学的诸原则》在维柯去世同年，即1744年出版。该书是后人根据维柯对第二版《新科学》增删修订的手稿本整理出版的。这三版《新科学》都是用意大利语写成的。这是维柯对母语意大利语的伟大贡献。但我们要说，他首先还是一位拉丁语作家。他在《新科学》之前的几乎所有重要著作都是用拉丁语写成的，包括《六次大学开学典礼演讲》（1699—1707）、《论我们时代的研究方法》（即第七演讲，1708）、《论意大利最古老的智慧》（1710）、《安东尼奥·卡拉法生平，书四卷》（1716）、《普遍法》（1720—1722）等。即使是用意大利语写成的《新科学》，不仅在内容上很大一部分就是拉丁语文学，而且维柯的意大利语本身也经常要从拉丁词源上来理解。而维柯的拉丁语文学研究正是从《论意大利最古老的智慧》开始的。

《论意大利最古老的智慧》(以下简称《古代智慧》)是维柯生平第一部专著。此前的七次大学开学典礼演讲都是出于职责而为,其中只有第七演讲《论我们时代的研究方法》在本书出版的前一年出了单行本。另外,正如维柯所说,本书是为学者而作,而此前人文演讲的对象则是青年学子。维柯本来计划要写三部书,但在出版了第一部,也就是《形而上学》之后,这项工作就再没有完成。关于第二部也就是《物理学》部分,维柯仅仅有一个思想草图,后来在1713年出了一本只有几页的小册子《论生物体的平衡》(*De aequilibrio corporis animantis*)。而第三部即《伦理学》只是一个设想,从来没有写出过。本书出版后的第二年(1711)夏秋之际,威尼斯的《意大利学人报》(*Giornale de'Letterati d'Italia*,第五卷,第六篇,第119—130页)刊登了一篇针对《古代智慧》的匿名评论。维柯于当年9月对该评论作了公开答复并出版,此即本书中的第一答复。看到维柯的答复之后,那位匿名评论者又对该答复作了回应,刊登于同年同一期刊上(*Giornale de'Letterati d'Italia*,第八卷,第十篇,第309—338页)。次年9月,维柯写下了本书中的第二个答复,并迅速出版。最后该期刊以一个简单声明结束了这场争论。本书正文的原文为拉丁文,两篇答复的原文均为意大利文。

　　正如维柯在《自传》中所述,本书的创作动机主要有两个,其一是培根的《论古代智慧》和柏拉图的《克拉底鲁篇》激发了他,也给他提供了范例,使他去寻找比诗人的神话故事更早的一些古人智慧的起源;其二是维柯对过去语法学家的词源解释并不满意,因而他要亲自去钻研拉丁文字的起源,以此寻求关于古人智慧的一些原则。[1] 但还有一个比较重要的动机人们尚未注意,即维柯在这本书中还要确立近代物理学的形而上学基础,他在《自传》中曾说,该书实际上是要为他的物理学奠定基础。[2] 正因此,我们看到维柯

[1] 参见维柯,《自传》,收入《新科学》1744年版,朱光潜译,商务印书馆1989年版,第677页。
[2] 同上书,第680页。

的第二部书就是物理学，第三部才是伦理学。

有学者认为，仅仅从维柯的动机来看，他就已经让自己陷入了一种他后来所批评的"学者的虚骄"，即一方面他要探讨的是近代物理学的形而上学基础，这种哲学必然是一种玄奥智慧；另一方面他又要通过语文学证明，这种智慧也是意大利人最古老的智慧，但这种智慧如果按照《新科学》中的观点来看，必然是一种诗性智慧。正因此，《新科学》时期的维柯对《古代智慧》的探索有所贬低。

也因为这个原因，有些维柯研究专家认为《古代智慧》是毫无价值的，在维柯思想发展史上并没有什么重要地位。当然反对者可以说，维柯正是从这里才发展出了《新科学》的根本原则，那就是真实与创造相一致；也正因此，后来维柯才能断定人类历史有其真实性和确定性。但是那些研究专家们又反驳说，维柯后来已经说明，各项人类事务的秩序比之几何中的点、线、面具有更高的现实性，因为人类历史是由人类自己创造的，而点和数只是人类心灵的虚构。因此，历史实践世界比之于抽象的形式世界更加确实。故而，既然有了《新科学》时期的真实与创造相一致的原则，就没必要再去看《古代智慧》时期的真实与创造原则了。因此，他们否认这个原则为后来的《新科学》奠定了形而上学的基础。[1] 无可否认，在《新科学》时期，维柯的这个原则获得了更高更新的含义，而且，如果《古代智慧》时期的真实与创造原则没有进一步的发展的话，的确不可能作为《新科学》的形而上学基础。但是，从思想发展史角度来

---

[1] 这种观点首先是由克罗齐的一个学生坎托尼（Carlo Cantoni）在1867年提出的，参见他的《维柯》（*G.B.Vico*, Turin, Civelli, 1867）。穆尼（Michel Mooney）从意大利人文主义的修辞传统上来看维柯，他在《维柯在修辞学传统中》（*Vico in the Tradition of Rhetoric*）认为，维柯的《古代智慧》只不过是"从一大堆资料中抽引出来的充满想象的各种迷人观点的大杂烩，其目的就在于服务一种完结的形而上学。扎伽林在《对维柯知识理论的一个批评》["Vico's Theory of Knowledge: A Critique", in *Philosophical Quarterly*, 34（1984），第15—30页] 一文中间接地说，《古代智慧》中的真实与创造原则与理解维柯的《新科学》毫无关系，因而《古代智慧》只是维柯思想的一个无用的注释。

3

看，后来的真实与创造原则必然是从这里发端的，正是在这里，维柯完成了他的思想中的第一个突变，有了这个突变，才可能有《新科学》的突变。[1] 其次，《古代智慧》时期的突变是当时自然科学发展和认识论哲学发展的结果，研究这个时期的真实与创造原则能使我们看到，维柯对于近代形而上学和认识论有什么样的看法，采取了何等不同的思想路线，这个角度是《新科学》时期的真实与创造原则所忽略的。

然而，即使是第一个弊端，我们也认为它不仅不是缺点，反而是维柯最为独特的创造。因为探究形而上学的基本原理竟然可以用语文学方法来进行，这可以说是前无古人、后无来者。特别是对于笛卡尔之后的近代哲学来说，那简直是闻所未闻。后来的哲学家们之所以很难做到这一点，一方面是因为他们忽视了古典传统，从思维到思维来构造哲学；另一方面则是因为，在一个哲学和语文学相互分裂的时代，要同时具有精深的哲学素养和扎实的语文学功底，那实在不是一件容易的事情。此外，本书中的形而上学探索又要求对近代自然科学，特别是数学和物理学有相当程度的熟悉和掌握。仅仅是掌握这三样知识，就已经很了不起了，更不用说维柯还要将这三样东西融会贯通。不仅如此，这样精深广博的智慧探索，维柯

---

[1] 这里与上述相反的观点，是由德国的奥托（S.Otto）和维赫特巴乌尔（Helmut Viechtbauer）首先提出的，参见二人合译的《古代智慧》（*Liber Metaphysicus.Risposte*，Munich，Wilhelm Fink Verlag，1979）以及维赫特巴乌尔的 *Transzendentale Einsicht und Theorie der Geschichte. Überlegungen zu G.Vico's "Liber Metaphysicus"*（Munich，Wilhelm Fink Verlag，1977）。他们认为《古代智慧》在维柯思想的发展中具有逻辑的必然性。巴达洛尼在《维柯评介》（Nicola Bodaloni，*Introduzioni a Vico*，Bari，Laterza，1984）中也认为，如果没有《古代智慧》，维柯的《新科学》就是缺乏基础的。克罗齐在《维柯的哲学》（*La filosofia di Giambattista Vico*，translated by R.G. Collinwood as *The Philosophy of Giambattista Vico*，London，1913）、金蒂莱在《维柯研究》（G.Gentile，*Studi Vichiani*，Florence，Le Monnier，1927）、尼科里尼在《维柯评论》（Fausto Nicolini，*Saggi Vichiani*）中都认为，《古代智慧》代表着维柯思想发展的一个历史阶段，后来在《新科学》中得到了修正和转变。这种历史观点最后得到了费希（Max Fisch）的小心支持，他在《维柯和实用主义》（"Vico and Pragmatism"，in *Giambattista Vico: An International Symposium*，第401—424页）中把《古代智慧》看作是维柯的唯名论思想，到《新科学》转变为唯实论。

竟将其容纳在正文还不到四万字的一本小书中。无论维柯在本书中的探索是否成功——成功与否读者自有判断——这已经是一项伟大的创造。

而且，正是维柯在这部书中的语文学探索，才促使他按照新的原则来探讨人类的古代智慧。这种新的原则就是真实与创造相互转化。从真实与创造这个标准出发，维柯就有可能给"原则"找到一个新的定义，那就是"原则"不仅意味着一种永恒的形式，而且还意味着一样事物的真正起源，前者作为一种起源存在于形而上学之中，最终存在于上帝之内；后者作为一种起源存在于历史之中，必须由语文学来加以揭示，这种语文学的原则就是"语词要按照它们的本来含义来解释"。这就预示着后来在《新科学》中的一条基本原理，那就是哲学必须和语文学相结合，真实必须和确定相结合，理性必须和权威相结合，而这些原则在《普遍法》中已经提出来了。

这里探索的智慧即使还不是真正的最古老的智慧——按照《新科学》，最古老的智慧实际上是感性的诗性智慧——也可以说是最古老的哲学智慧，或者说最古老的形而上学智慧。如果说有很多哲学家都把自己的形而上学看作是放之四海而皆准的永恒真理，并且因而把他们的真理看作是古人也必然拥有的真理，那么维柯的研究方法不仅从根本上来说就已经否定了这种学术态度，而且从本书的真实与创造相互一致的原则必然还要衍生出一种新的科学态度。因为既然真实的必须创造出来才是真实的，那就必须看看，人类是如何在历史中创造出这些真实的。科学与历史、古代与现代的交锋，在维柯的《论我们时代的研究方法》中就已经开始，而本书则提供了解决这场冲突的根本手段。此外，从书名就可以看出，本书的思想还是希腊智慧和罗马智慧的交锋，因为维柯是要从拉丁语源，而不是希腊语源来寻求最古老的智慧；他要寻求的是最古老的意大利智慧，而不是最古老的希腊智慧。在《新科学》中，维柯同样更欣赏拉丁智慧，他对人类自然法的探索更多地是来自意大利民族，在语文学上拉丁语更是功不可没。维柯在第二答复的末尾说，哲学对世界的作用就在于创造各个民族。也许维柯本书的目的还在于通过重新发现意大利的辉煌历史和民族精神，来重新塑造意大利的光辉未来。

维柯形而上学的来源

毫无疑问，根据维柯这本书的核心诉求，即从拉丁语源发掘出意大利最古老的智慧，本书中的形而上学观念必然要以拉丁语源为依归。除了拉丁语文学资源之外，很明显，维柯借取了一个二合一的伪芝诺关于点的学说，这是维柯形而上学的核心内容；[1] 他还借取了毕达哥拉斯的数的学说，这和芝诺的点具有相同的本性；借取了经过新柏拉图主义改造的柏拉图的观念论，这种观念作为心灵的形式优于亚里士多德的共相；借取了基督教的上帝观念，作为一切形式的形式，作为真实之最终源泉和绝对标准，上帝产生和创造宇宙万物，人则创造属于人类心灵和精神的东西；他也运用了经院哲学的术语，保留了很多经院哲学思维的痕迹。从这些古代哲学中维柯提出的主要问题是：物理形体怎么可能由几何学的点来构成？"因为说形体由几何学的点构成，等于说一个现实事物是由抽象事物构成的。"这个问题实际上是由亚里士多德提出来反对芝诺的形而上学的点的。与此类似的问题就是毕达哥拉斯的数的问题，毕达哥拉斯认为世界是由数目构成的，但这个观点是违反常识的。维柯要思考的就是如何才能使这两个问题得到合理的理解。笛卡尔简单地把这些观念看作是自然本身就具有的纯粹形式，这个论断的真实性一方面是由心灵的清晰分明的标准，另一方面是由不欺骗人的上帝来保证

---

[1] 关于这个伪芝诺，参见本书第34页注释[3]和第38页注释[4]。

的。然而，这三个基本观点都是维柯所不能接受的。

现在我们必须考虑，为什么维柯从所有古代思想资源中单单取出了这些资源，把它们作为他的形而上学或者意大利最古老的智慧呢？其实，维柯借取这些资源并非偶然。可以说这是近代自然科学发展的必然。近代自然科学的兴起在很大程度上得益于柏拉图的《蒂迈欧篇》，而《蒂迈欧篇》的主要内容就是主张世界是由数目和形式构成的毕达哥拉斯主义。无论是偏向于数学模型的开普勒和笛卡尔，还是重视实验—数学方法的伽利略和最后近代自然科学的集大成者牛顿，其思想源头都可以追溯到这种毕达哥拉斯主义。因此，维柯所引述的古代思想其实是近代自然科学的共同来源。从这一点来说，维柯在《古代智慧》一书中明确揭示了近代自然科学的根源。他敏锐地看到柏拉图的物理学优于亚里士多德物理学的关键所在，这个关键就包含在柏拉图的《蒂迈欧篇》当中。因此，尽管维柯说柏拉图的《克拉底鲁篇》是他的《古代智慧》的蓝本，然而实际上这只是形式上的蓝本，其思想上的蓝本则是《蒂迈欧篇》。影响维柯思想的新柏拉图主义与这种思想传统也密不可分。维柯曾在《自传》中对这种柏拉图的观念论作了描述，那就是观念就像种子一样产生出一切形式，这种观念是能动的个别形式，作为能动的个别形式能够产生一系列其他的形式；亚里士多德的观念却是僵死的普遍共相，人们只是在比较和区分中才对其有所把握。在这两者之间，近代自然科学确实是倾向于前者而贬低后者的，即使是维柯所批判的笛卡尔，也否定亚里士多德的本原论。[1] 不过，维柯仍然批评笛卡尔犯了与亚里士多德相同的错误。这又是为什么呢？要正确回答这个问题，还必须再仔细看看，维柯在近代思想资源中选取了谁。近代自然科学特别是数学和物理学的发展虽然都遵循了毕达哥拉斯—柏拉图主义的路线，然而具体道路仍然是有所差异的。其中一条路线就

---

[1] 参见笛卡尔，《谈谈方法·附录一》，王太庆译，商务印书馆2000年版，第73页。

是偏向数学或纯粹数学的路线，他们相信点和数就是万物宇宙的根本法则，是上帝赋予宇宙的神圣属性。这条路线在主要依靠几何学的时代以开普勒为代表，在分析几何出现后当然是以笛卡尔为代表，因为笛卡尔正是解析几何的创始人。另外一条路线同样重视数学，然而也同等地重视实验和观察，他们采用的方法就是数学—实验方法。真正代表近代自然科学方法的是后者。对于维柯来说，其代表就是伽利略。意大利的几大学院基本上都继承了伽利略的衣钵，其中就包括在那不勒斯创建的因韦斯蒂甘第学院。正如维柯在本书中所概括的，这种方法的真实本性就是通过数学—实验做成既与思想相似，又与自然的作品相似。因此，在自然科学方法上，维柯是重视伽利略轻视笛卡尔的。按照维柯的设想，笛卡尔的分析方法和演绎方法应该从属于伽利略的归纳方法和综合方法，我们可以说那就是牛顿的"归纳演绎方法"，这种方法的根本特点就是实验观察和数学演绎的紧密结合。但是，两条路线都分享了一个共同特征，那就是自然的数学化，这个特征最早可以追溯到芝诺和毕达哥拉斯那里。因此，维柯和当时的自然科学家们一样，都把数学知识当作最确实的知识。即使在《新科学》中，维柯也并没有完全否认数学真理在知识上的最高等级。反对者可能会引证《新科学》1744 年版第 349节，来证明维柯认为历史知识和历史真理高于几何学知识和几何学真理。然而维柯在那里说的是，如果谁创造历史就由谁来叙述历史，那么这种历史就最确凿可凭了；这种情形正像几何学的情形，因为人们为自己创造出了历史世界。下面一句是重点："但关于人类事务的各项秩序比起点、线、面来说具有多高的现实性（realità），那么这门科学也就比几何学具有多高的现实性。"但要注意的是，维柯这里用的词是 realità，也就是现实性，而不是 certo（确实，确定）或者 vero（真实，真理）。从《新科学》的写作方式上来看，维柯显然也采取了上述归纳演绎的自然科学方法，比如他先列出关于人类历史的相关材料，然后再采用类似于几何学论证的方式对其进行批判分析，归纳出人类历史的科学原则。而且，在数学知识中无须神意的作用，然而在人类历史的各项制度和原理中，却必然存在神意的指引。因此，维柯首先必须为数学真理找到一个确实的基础，其前提也就是找到数学知识的本性和起源。这是笛卡尔和维柯的形而上学的共同问题。其次，维柯还要确定自然知识特别是物理学知识的真实本性和确实基础，其中关键的问题就是，自然的数学化如何可能？这个问题就对应于上述那个古代问题，即现实事物如何由抽象事物构成？维柯和笛卡尔面对的共同问题还包括对抗怀疑论，这就要求他们探索真理的本性和知识的确定性。

　　17 世纪和 18 世纪初是一个产生伟大体系的时代，无论是形而上学的体系还是物理学的体系。但随着人类知识的巨大进步，同时也产生了新的怀疑主义、悲观主义和虚无主义，例如科尔内利·阿戈利帕（Cornelio Agrippa）于 1527 年在纵览了人类知识的各领域之后，宣称人类智慧的不确定性和空虚性。他的《关于知识和艺术的不确定性和空虚性的断言》（*Declamatio de incertitudine et vanitate scientiarum et artium*）到了 18 世纪中叶仍然重版印刷且被广泛讨论。弗朗西斯·桑切兹（Francisco Sanchez）宣称人们一无所知，蒙田（Michel de Montaigne）也提出了一个令人绝望的问题，即由于我们缺乏真正的存在，因而我们缺乏确实的知识。培根的《论学术的价值和进展》（*De Dignitate et Augumentis Scientiarum*，1623）、笛卡尔的《谈谈方法》（*Discours de la méthode*，1637）和维柯的《古代智慧》都是为此而来。[1] 共同对抗怀疑论，寻找人类知识的确实性，这是 17 世纪遗留给 18 世纪启蒙运动的伟大任务，正是在这个意义上，《古代智慧》就如明珠一般，镶嵌在这幅伟大的画卷之中了。在笛卡尔出版了他的《第一哲学沉思集》第二版（1642）之后，欧洲兴起了一股笛卡尔潮流，认为笛卡尔用三根支柱解决了新的科学体

---

[1] 参见本书英译本（*On the most ancient wisdom of the Italians*，translated with an introduction and notes by L.M.Palmer，Cornell University Press，1988），第 2—3 页。

系的一切困难和一切伦理难题，这就是上帝作为宇宙的创造者和支撑者的存在证明，把物质定义为纯粹的广延，以及把心灵看作是纯粹的思想。[1]但同时，欧洲从法国到英国再到德国以及意大利，都开始批判笛卡尔的这种认识论，知识的确定性问题不仅仍然悬而未决，而且怀疑论还蔓延到了新物理学之中，侵蚀了整个人类知识各领域。最后，培尔（Pierre Bayle）于18世纪初出版了他的伟大的《怀疑论要义》（*Summa Sceptica*）以及《历史和批判辞典》（*Historical and Critical Dictionary*），打碎了同时代人的哲学迷梦。[2]

因此，对维柯来说就有双重任务：即在反对怀疑论的同时，又要拒斥笛卡尔的独断论，正如本书第一章第二、三节的标题所显示的。对维柯来说，伽桑迪（Pierre Gassendi）和霍布斯对笛卡尔的批判似乎都没有击中要害，也无助于认识人的心灵和精神本身，在这个意义上维柯更接近笛卡尔，而不是伽桑迪或霍布斯；马勒布朗士（Nicholas Malebranche）和莱布尼茨的批判只是在枝节和局部问题上比较成功，但并未解决其中的根本问题；英国经验论也很难提出一个完整的理论体系，来代替笛卡尔的哲学体系，在这个意义上，维柯所欣赏的培根也不足以担此重任。可以说当时纯粹反对笛卡尔体系的人根本不理解笛卡尔的思想，对他的思想稍有理解的人大多比较赞同，理解精深的则力求找出新的方法和新的批判方法，来解决笛卡尔理论内部的不一致性。在笛卡尔体系中主要有两点，其一是他的真理标准，即心灵中清晰分明的观念；其二是形而上学与物理学或者心灵与肉体的二元论。据学者们称，斯宾诺莎、莱布尼茨和马勒布朗士抛弃第二点而赞同第一点，洛克、贝克莱和休谟赞同第二点而抛弃第一点。前者就是理性主义者，后者则是经验主义者。在本书中我们可以看到，维柯对两条路线都进行了批判，既没有成

---

[1] 参见本书英译本，第4页。
[2] 同上书，第6页。

为经验主义者，也没有成为理性主义者。[1]当然，我们可以看到，上述大部分思想体系或多或少都融入到这本小册子中了，都对本书产生了不同程度的影响。现在我们可以预先提出我们的观点，即上述两条路线其实都遵循了笛卡尔所规定的道路：人作为外部世界和内部世界的旁观者，把全部世界作为客体来进行反思。而维柯的认识论却有着完全不同的方向：人在认识内部世界的同时，就创造了内部世界，然后用内部世界来创造关于外部世界的认识。关于这个观点，我们将在下文进行详细的讨论。我们接着要说明的是，维柯的形而上学也是他本身思想发展的逻辑结果。这和我们上文已经提示的一个结论相关：这种形而上学也是《新科学》的逻辑前提，关于这个结论我们将在最后予以阐明。

尽管在维柯早期的大学开学典礼演讲中关注的是人文教育这个主题，但其中发展出来的一些基本原则，却或间接或直接地导向《古代智慧》的形而上学原则，乃至《普遍法》的法哲学原则和《新科学》的人类历史原则。前面六个人文演讲发展出了四个基本原则，包括人性原则、公民原则、整体智慧原则和人类个体的发育次序原则。其中整体智慧原则要求每一个人和每一个公民都要利用人类智慧的所有方面全面培养语言、心灵和精神的各种能力，改正这三个方面的堕落本性，因此，这个原则实际上要求的是用整体的智慧来培养整体的人和整体的公民。从这方面来讲，智慧就包括雄辩、知识和审慎，分别培育人的语言、心灵和精神。人类个体的发育次序原则就是，学习研究的各项目的和各项内容必须从人类个体不同发育阶段的不同自然本性出发来安排。从这个角度来看，人类个体的精神教育必须分为三个阶段，即儿童时期、青少年时期和成人时期，在三个不同的阶段有着不同的学习内容和学习目的，例如儿童时期主要学习语言和历史，青少年时期学习数学和自然科学，然后通过

---

[1] 参见本书英译本，第12页。

审慎智慧和雄辩术的培养逐步过渡到成人阶段，最终成为真正的人和真正的公民。前面三个原则就这样融会在第四个原则之中了。由此教育的两个基本要素可以归结为：智慧教育和德性教育。我们还可以加上第五个原则，即创造力，不过这个原则虽然在第一演讲中就已经出现——在那里维柯也曾经把人类心灵的各种能力放在创造这个层面上——但却在《论我们时代的研究方法》中才成为一个根本原则。正是从这些原则出发，维柯在《论我们时代的研究方法》中开始对笛卡尔的方法论进行全面的批判，进而在《古代智慧》中对笛卡尔的形而上学进行深入批判，并在批判过程中形成了自己的形而上学。因为根据上述五个原则，维柯必然要从古代和现代的研究方法的优劣这个角度，来考察人类知识和艺术的一切方面，利用人类智慧的整体来培养公民各方面的能力，以完善和发展人类的自然本性，极大地造福于人类社会。这就是第七演讲《论我们时代的研究方法》的主题。整个演讲是方法论和认识论的，其根本问题就是，要在一切艺术科学门类中探讨人类认识的本性、价值、能力和界限。这个态度也是《古代智慧》的态度。维柯反对怀疑论和独断论都是从这个角度出发的，这可以和后来康德的人类能力划界问题相比。第七演讲和本书都是反对和批判笛卡尔主义的。如果说《论我们时代的研究方法》是站在人类教育角度对笛卡尔主义的方法批判，那么《古代智慧》就是从形而上学角度对笛卡尔主义的真理批判、知识批判和能力批判。但要注意的是，维柯批判笛卡尔主义的同时，并没有完全拒斥笛卡尔主义，而是要给笛卡尔的方法划定界限，纠正它的缺陷和防止人们对它的滥用。

对本书而言，最重要的就是维柯对笛卡尔几何学和物理学的批判。他批判笛卡尔物理学和几何学主要根据两个方面：一方面，从教育学上看，笛卡尔用分析法或者代数学来教授几何学、用几何学来教授物理学，二者都遏制了人类创造力，压制了人类创新精神；另一方面，从真理观上来看，笛卡尔的形式主义把仅具有真似性的物理真理看作是绝对真理。维柯在几何学和物理学的关系上，提出了他那有名的论断："我们能明证几何［真理］，因为我们创造了它们；而如果说我们能够明证物理［真理］，那就是我们曾创造了它们。"[1]这个原则可以说是《论我们时代的研究方法》中最为人熟知的论述，也正是本书中真实与创造原则的先决条件，并在本书第七章末尾被引用。下面这段话同样也是本书中的重要原则："所谓真正的事物形式只存在于唯一的至大至善的上帝中，自然就是依据这些事物的形式而形成。因此我们只是像哲学家一样去研究物理学，实际上也就是构造我们的精神。"[2]笛卡尔主义忽视综合法，偏重分析法，忽视实验经验，偏重理性思维，忽视归纳，偏重演绎，这些都是与物理真理的本性和人类精神的本性不相符的。所以，应该在辨明真实本性的基础上，以培养创造理性为目的，通过形式、通过综合法来学习几何学——这是对几何学弊端的补救；在物理学中，代数方法要以几何学方法为中介，要重视实验方法和综合方法，要注意培养创造力，这是最好的补救方法；最后，政治哲学则是对科学技术的补救。

其次，维柯在《论我们时代的研究方法》中还提出了整合判断教育方式。整合判断教育的基本原则就是：论题法教育先于批判法教育，常识教育先于理论教育，感性能力教育先于理性能力教育，艺术教育先于科学教育，范例教育先于逻辑教育，最后再作出整合判断。这种教育方式的目标是："在科学研究中发本求真，在实践生活中审慎睿智，在论说言辩方面博大精深，在诗艺绘画上富于想象，而在法学上博闻强记。"[3]在判明了各种能力的本性之后，就要求全面发展各方面的能力，以求协调均衡，不同的能力特性要求用不同的智慧内容和形式来加以培养。其中语言、习俗、宗

---

[1][2] 维柯，《大学开学典礼演讲集》，张小勇译，上海人民出版社2019年版，第120页。
[3] 同上书，第117页。

教必然是最初的以至最后的教育方式；其次是各种文学艺术；然后是各门科学知识以及宗教神学；培养公民智慧的要求贯彻始终，只不过在不同的年龄和能力阶段，所要求的内容和形式不同。例如在童年和青少年时期，要求的是较为感性的习俗的自然方式，主要是模仿；在具有了科学知识和理性反思之后，就要求有理性的推理，意志要服从理性；然而审慎智慧之所以是审慎，就是说它本质上并不是任何艺术或知识。最后，不是要用理性来约束感性，而是要用智慧来约束理性和感性两者；因为理性和感性一样，提供的都是智慧的质料和形式，理性并非万能，感性亦非无知。它们共同的基本能力形式就是创造力，在创造这个层面上它们拥有共同的发言权。形象艺术也具有自己的真理形式，正如数理逻辑科学一样；自然物理知识和其他经验知识一样都是或然性的，最后都要服从人类智慧的调控。在创造这个意义上，它们的真理形式是同一的。[1]

　　上面这些观点都是《古代智慧》的直接来源。可以说《古代智慧》中的形而上学就是《论我们时代的研究方法》中思想的提炼。在此还应该提到英国哲学家赫伯特（Herbert of Cherbury）的能力观和方法论，特别是他的能力观。他在《真理研究》（*Tractatus de Veritate Prout Distinguitur a Revelatione, a Verisimili, a Possibili et a Falso*）一书中认为，每一种感知都有一种特有能力与之相应。维柯不仅接受了这种观点，而且把能力解释为创造的能力，人的各种能力（包括感性能力和理性能力）的基本特性就是创造，创造力也就是人的认识的特有能力。巴达洛尼（Nicola Badaloni）在《维柯评介》一书中以强有力的证据证明了这一点。[2]

[1] 以上关于七个人文演讲的评述，参见拙译《大学开学典礼演讲集》（上海人民出版社 2019 年版）的译者序言。
[2] 参见巴达洛尼，《维柯评介》，第 8—16 页。

维柯的形而上学

由于篇幅所限，译者不准备在这里详细讨论维柯的形而上学，只是打算从真理、知识、能力和方法四个方面，对维柯的形而上学作一介绍。

首先是维柯的真理观和真理标准。维柯在本书开篇就突兀地提出了一个断言："真实"与"创造"在古代拉丁人那里是交互相应的或者相互转化的。"交互相应"是西塞罗式的说法，而"相互转化"则是经院哲学的用语。维柯提出这一观点是从语源学和历史的角度来说的，但维柯似乎并没有给出这个论断的语源学证据。在《意大利学人报》的评论者的追问下，维柯才给出了普劳图斯的喜剧中的某些段落，来证明 factum（创造，事实）可以代替 verum（真实，真理，真相），但这个证据是比较微弱的。关于这一论断的历史渊源，学者们有不同看法。有些学者认为起源于经院哲学家的超验论。但克罗齐有力地否定了这一点，他详细区分了托马斯·阿奎纳的形而上学断言和维柯的理论，前者认为创造一样事物的条件是认识该事物，后者则说认识某种真理的条件是创造出它来。克罗齐最后总结道："菲奇诺（Marsilio Ficino）、卡尔达诺、阿奎纳、科尔内利、司各托和奥卡姆可能已经预见到了维柯理论的这个或那个元素……但维柯虽然取了一把老旧的生锈的剑，最后却将它变成闪亮锋利的武器来使用。"[1] 我们在上面已经谈到，本书也是维柯的早期演讲中思想发展的逻辑结果。在第一演讲中，维柯已经把人类心灵看作是神圣的，是具有创造能力的。在第七演讲中，维柯出于创造力的考虑，偏爱综合几何甚于笛卡尔的分析几何，并且提出了他那有名的关于几何真理和物理真理之间的区分的论断。至于这个论断，我们在霍布斯的著作中已经见到过类似的论述，霍布斯甚至已经把这个

---

[1] 参见克罗齐，《维柯的哲学》，关于该问题的讨论见第279—301页，引文见第291页。转引自本书英译本，第18页。

论述推广到人类民政世界，类似于维柯在《新科学》中所达到的结论。[1] 译者以为，这个时候的维柯不大可能是从霍布斯那里得到几何真理是我们创造的，因而是真实的这个结论，因为霍布斯是连同人类民政世界的真理一起讲的，而维柯直到《新科学》中才确立起这个真理。如果不是仅仅从教育的角度，而是从真理观的角度来考虑维柯对于综合几何的偏好，联系到他对于人类心灵的创造力的高度重视，那么维柯得出这个结论也是顺理成章的。此外，霍布斯的这个结论被淹没在他的唯物论之中了，他从来没有看到人类心灵和精神的真正本性，他对笛卡尔《沉思录》的批判无非就是把一切事物都归结为肉体和广延。与他相比，维柯更近于笛卡尔，因为创造只是心灵和精神的纯粹创造。

　　译者以为，看待维柯对于这个原则的语文学证明不应该拘泥于严格的词源学考证。这样理解的话，那么除了维柯提出的那个词源学的弱证据之外——这是通过词语的直接用法来证明的——我们可以把本书第一、二、三章都看作是一种语文学证明。这就是说，维柯是在各种词的含义和关联中发现这个原则的。这个判断可以适用于维柯所提出的全部论点。根据这条标准，维柯证明真实与创造相互转化这个论点的语文学证据就包括三个方面：其一，通晓与思维的含义和区别；其二，属和形式的含义和关联；其三，原因和事因、结果的含义和关联。

　　先说第一个方面。与创造相互转化的真实就是通晓，也就是完

---

[1] 尼科里尼首先发现了这一点。费希在 1944 年的维柯《自传》的英译本中提到了霍布斯的一处文字，而后恰尔德（Arthur Child）在一篇评论中引用了这段文字："几何学是明证的，因为我们据以推理的那些线条和形状是由我们自己标画出来的；公民哲学是明证的，因为我们自己创造了这个社会共同体。"（*The Autobiography of Giambattista Vico*，Translated from the Italian by Max Harold Fisch and Thomas Bergin，Ithaca，New York，Great Seal Books，1963，第 40—41 页。）后来阿巴尼亚诺（Nicola Abbagnano）又发现了霍布斯拉丁语著作《论人》（*De Homine*）中的一处文字，其中的论述与维柯的主张极其相似，由于原文较长，此处从　略。（Hobbes，*De Homine*，II，10，4—5 in *Opera philosophica quae latine scripsit*，ed. Molesworth，Londini，Bohn，1839，vol.II，第 92—94 页；阿巴尼亚诺的论述见 *La Scienza Nuova e Opere Scelte*，Torino，UTET，1952，第 14—15 页。）

美地采集或者明白地知晓；思维就是思考，或者进行采集；理性则意味着算术元素的结合。采集和结合就是创造的基本形式。采集就是汇集事物的元素。通晓是汇集事物所有的元素，借以表达最完美的观念；思维同样也是事物元素的采集，但并不是采集构成事物的所有元素。知识的定义同样如此，即认识就是事物元素的结合，认识到的知识就是事物元素的恰当结合。最后得出的结论就是，真实就是创造本身。与这条真理相一致的是古人对神的真实和人的真实的共同看法。通晓是与神的本性和能力相配的，第一真实因而也就在上帝那里，因为他是一切事物的创造者，在自身内包含着一切事物的一切内在元素和外在元素；人的心灵的能力就是思维，因为人的心灵是有界限的，它处于一切其他事物之外，因而它只能汇集事物最外在的元素。正因此，人才被说成是伴有理性的动物，却不是理性的主宰。这种观念可以说是人类思想发展史上的普遍看法，基督教的上帝观念也不例外。首先，没有人把神看作仅仅反思而不创造的，而且神的第一特性就是创造。其次，无论是神的通晓还是人的思维和理性，都是某种采集和结合行为，因而都必然是一种创造行为。这两个结论都不缺乏语言和历史的证据，因此可以说维柯的理论是完全站得住脚的。在第一章第一节，维柯通过各种知识的起源和真实性证明了上述看法的真实性。神的知识是人的知识的最终源泉这个结论可以根据上面关于通晓和思维的区别轻易得出。人的知识起源于抽象，抽象和分解在这里都应该被理解为人的采集行为。但真正的知识并非抽象。真正的知识起源于真正的创造，这种创造就类似于上帝从无中创造世界，这就是能标画的点和可以倍增的一。这种创造的基本形式就是定义，而点和一的定义最符合创造的本性，那就是从无中创造。这种人的心灵的纯粹创造被称为虚构，与神的心灵的完美的现实的创造相区别。关于这种创造的拉丁语源学证明就是，拉丁人说名称探究和定义探究是一回事。毕达哥拉斯关于数的看法和芝诺关于点的看法都可以证明这一点。

第二条证明是属和形式在拉丁语中同义。如果维柯的这个语源学证明是真的，那么就进一步证明了维柯的上述真实与创造相互转化这一根本原则。的确，genus（属）无论在希腊语中还是在拉丁语中都有形式（拉丁语 forma，希腊语 μορφή）这一层意思，而且 genus 在其词源上也有生成、产生这个意思。就这一点来说，维柯的诉求并非没有根据。关键是我们要看看维柯通过这个诉求要达到的目的是什么。如果属或者观念都被归结为形式，那么一样事物的本性就要通过该事物的形式和方式来考察，因为该事物必然是通过这些特有的形式和方式形成的。观念同样也就是一些形式，通过这些形式，而不是亚里士多德的共相，才形成了柏拉图的观念阶梯，才能理解一位作为创造者的上帝，因为上帝就是最完善的形式，他用形式创造出一切其他事物。维柯区分了形而上学的形式和物理学的形式，认为物理学的形式是由形而上学的形式构成的；而且，由于形而上学自身并不具有任何特殊的形式，因而可以完全而轻易地接受和形成任何特殊的形式。欧几里得的综合几何之所以比笛卡尔的分析几何确定，就是因为前者从起源到过程到结果，都创造和显示了几何真理的形式。维柯把属理解为接近于柏拉图的形式，而不是亚里士多德的共相，因为形式是在强调构造和创造，而共相却是来自比较和反思的抽象。

在第三条证明中，维柯通过原因、事因、运作和结果这些语词的词源学含义要阐明的无非是，真正的原因必然是创造出该原因的结果而不假外求的原因，即原因通过自身的活动、运作，创造出自身的结果，这个过程就等同于事因。与上述看法相结合，那就是说，原因在自身中已经包含了它所创造的事物的一切元素和形式，结果就是根据形式安排要素的结果。这种理解同样既符合人们对于神的看法，也符合数学知识的本性，因为人类心灵从无中创造了点和一，创造了数学中的各种定义，然后通过假设创造出数学知识的无限结果。这样，由于人的心灵凭借自己的能力就创造了数学知识的一切要素和一切形式，故而它就是数学的真正原因，正如上帝就是万物的真正原因一样。

以上就是维柯的语文学证明。根据这条原则，维柯批判了笛卡尔的"我思故我在"的第一真理。笛卡尔的错误主要在于没有看到真理和确定、知识与良知的根本区别。因为我思只能作为心灵存在的标志，但却不能创造出自我和心灵，因而也就不是心灵的原因。这样"我思故我在"只是确定的良知，却不是真实的知识。如果维柯的原理及其证明能和人类知识相协调，那么维柯的形而上学也就确立起来了。其中主要是阐明数学知识的真实本性和物理知识的真实本性，以及它们与形而上学之间的关系。这就是维柯的知识树，从形式上来看似乎与笛卡尔没有什么不同，[1]但在内容和实质上却大不相同。

我们先看看什么是数学知识的真实本性。维柯和笛卡尔一样，把数学知识看作是最确实的知识，在真理的等级上仅次于形而上学。但笛卡尔并没有明确给出数学知识的真实本性，他尽管在普遍怀疑中曾经怀疑过数学知识的确实性，然而他实际上是把数学知识当作真理的标准的。如果说要笛卡尔给出数学真理的本性的话，那么他肯定会说，那是由于数的观念和几何形状的观念就是心灵中最清晰分明的观念。有时候他甚至说，这是心灵中的天赋观念。最后，他必定还要求助于上帝来保证这种观念的真实性，而且把这种观念赋予物质自然，也就是说这些观念是实在的。在这里还谈不上后来数学哲学中的直觉主义、逻辑主义和形式主义以及约定主义，但就笛卡尔把数学观念看作是自然的实在观念这个意义上来讲，可以说这是某种唯实论。但笛卡尔的数学哲学在维柯看来不仅缺乏根基，而且从根本上就陷入了谬误。把数学观念的真实性看作是一种心理效应，是对真理的亵渎，实际上不仅对数学真理本身的证明无济于事，而且还让真理披上了或然性的外衣。正因此，后来的现象学才开始纠正笛卡尔的这个弊病。那么为什么数学观念被认为是最清晰分明

---

[1] 参见笛卡尔，《谈谈方法》，第 70—72 页。

的观念呢？对维柯来说，就是因为这些观念完全是人的心灵的创造，由于其元素和方式都在人的心灵之内，都是人的心灵创造的结果，因此心灵就是它们的全部原因。后来的数学哲学用直觉主义来说明这种创造，但却把直觉看作是某种单纯直接的反思活动，因此直觉主义离笛卡尔更近。现在有学者把维柯的数学哲学称为约定主义，但译者以为这种说法更不可取。从本性上来说，数学观念是个体心灵的自由创造，每一个个体心灵都是它自己的形式和数目的王国的上帝，正因此，数学观念才具有最高的真实性质。其次，这种自由创造并不是完全自由的，甚至可以说是唯一的，因为我们对于点和数的定义，总有最合适、最恰当的唯一定义，这可以说是人的心灵的共同结构。只是在最弱的意义上，才能勉强把数学真理看作具有某种约定性质。从维柯的创造论来看，后来的直觉主义、逻辑主义和形式主义无非是在建构数学知识大厦的元素和形式上做文章而已。维柯通过这种创造论恢复了数学知识的真实性质。的确，维柯也用上帝来证明他的数学哲学。然而和笛卡尔把上帝仅仅看作是数学观念的保证者不同，在维柯那里，神的知识只是人的知识的模型和样板，人的知识甚至不需要神的保证，就可以具有自身的真实性，因为数学知识完全就是人的心灵的创造，对于自己的创造，心灵有着自己的权威。这样我们可以看到，维柯通过创造的认识论真正恢复了知识的人的尊严；而笛卡尔却在反思的认识论中，把人的尊严交给了上帝。在否定笛卡尔关于数学观念的本性的理论的同时，维柯更严厉地批评了笛卡尔的数学观念的实在论。数学的基本观念所包括的点和一（我们还可以加上逻辑学的基本观念）只是在人的心灵中具有绝对的真实性，然而并不代表它们同样具有外在的现实性。外在于人的心灵的物理自然是神的创造，心灵不具有任何借以构成外在自然的元素和形式。心灵对外部自然的认识是通过内部世界的创造来进行的，一切观念就是内部世界的形式。如此说来，外部世界就类似于康德后来讲的不可知的物自体。那么，既然心灵不具有任何外部世界的元素和形式，它怎么可能具有对外部世界的认识呢？或者说，我们关于自然的知识是怎么可能的呢？

物理自然显现给心灵的只是现象，也就是个别的种，维柯说种就是个别的现象。但知识之所以是知识，必然是对于事物元素和形成方式的把握，因而必然是关于属的知识。而且，种只有成为属的摹像才是所谓的种。维柯还说，物理学的形式必然是由形而上学的形式而形成的，形而上学的形式才是完美的形式。这样的话，自然知识就是形而上学下降到物理学中的结果。在各种知识中，只有形而上学提供绝对的真理，这种真理是一切真理的最终源泉。如果说物理学具有真理，那么必定是形而上学真理的结果。故而维柯的问题就是：形而上学如何下降到物理学之中？但形而上学的真理对于人的心灵来说是不可能完全把握的，它类似于神的真理。不过与康德不同，维柯并不认为形而上学真理是不可能的，相反，他把形而上学真理看作是一种理想模型。这与近代自然科学的知识目标相同：神的知识就是人的知识要达到的终极目的。那么什么是形而上学呢？维柯在第四章说明了形而上学的对象：一切事物的本质。本质是不可分的，是永恒不变的，是无限的。这是一切哲学家们的共识。但更重要的是，维柯从语文学上说明，本质在拉丁人那里被称为能力或权能。这样，不可分的本质就是一切事物的永恒无限的德性。这里要注意的是，德性这个概念首先代表的是能力，一种创造和产生的能力。因此，维柯的形而上学的对象就是无限的德性。此外，由于拉丁人又称这些德性是"不朽之神"，而后又被智者们统统归于那唯一的最高神，也就是上帝；结果就是，形而上学的知识也就是类似于上帝的产生和创造的知识。在这个意义上，维柯批判亚里士多德用德性和潜能来说明自然和运动。因为一方面物体和运动是上帝已经产生的自然，对于心灵来说只是一些现象，这些现象用德性和潜能来说明是不恰当的；另一方面，这种说明方式并非人的心灵的能动创造，而只是用普遍的共相去衡量特殊的现象，因而结果就是空洞无用的。当然，笛卡尔用物理的广延和活动来说明形而上学同样是不恰当的，那等于是用现成的自然现象去说明产生这种现象的无限德性。根据前面关于神的知识和人的知识的区分，形而上学的知识和物理本身的知识都是神的知识，对于人的心灵来说可以具有关于这些知识的观念，然而却从来不能把握它们本身。因而从原则上来说，亚里士多德和笛卡尔都陷入了泥沼之中。但是，既然形而上学的属不能直接用来说明物理的现象，物理现象又不能用来说明形而上学的真理，那么我们如何具有关于两者的知识呢？关于这两者的知识的本性又是什么呢？

从根本上来说，人的心灵不可能具有关于两者的真正知识，因为无论形而上学的属还是物理自然本身，都是上帝的创造，它们的真正形式都存在于上帝之内；心灵只是具有关于这些形式的抽象观念，这些观念在上帝之内是活的，在人那里却是死的；在上帝之内是一，在人那里却是分裂的。对人来说，唯一肖似于上帝的知识就是数学知识（我们还可以加上逻辑真理），点和一都是心灵从无中创造出来的，心灵通过定义、假设，进而创造出无限的形式和数目的王国。既然心灵能够创造出这个王国，那就证明了形而上学的存在，尽管心灵并不能完全把握；同样，几何学的点和代数学的一的定义都取自形而上学，从而也就证明了形而上学观念的真实性。这样，通过数学知识，心灵就取得了关于形而上学的间接知识。剩下的问题就是，物理知识何以可能？很显然，心灵不可能具有关于物理自然的直接知识。如果说有关于自然的知识，那也只能是关于物理现象的间接知识。这样就必然要求以数学知识为中介，特别是以几何学为中介，然后形而上学才能下降到物理学之中。对于近代自然哲学来说，这个问题就是自然的数学化何以可能？

笛卡尔首先意识到了这个问题，于是提出了他的广延理论，在这个理论中他把物质的根本性质规定为广延。同时代的人的思考基本上都是按照这个思路走的，例如洛克的第一性质和第二性质的区分。如果广延是物质的根本属性，那么几何学和代数学的真理也就是物质的真理，这样把几何学和代数学引进物理学，当然是顺理成章的。如果在亚里士多德和笛卡尔之间作一选择的话，维柯当然是肯定笛卡尔的，因为笛卡尔代表着近代自然科学的方向。维柯批判笛卡尔的地方在于两个方面，一个是在形而上学的原则方面，即笛卡尔直接用物理学的运动和形式去讨论形而上学；另一个是物理学方面，即笛卡尔误解了物理学的真实性质，他用人的知识和真理代替了神的知识和真理，其结果就是重视分析法，轻视综合法，重视演绎，轻视归纳，把用演绎法得出的物理真理当成了绝对真理。关于第一个方面，由于形而上学处理的是无限永恒之物，而物理学的运动和形式都是有限的、暂时的，因此笛卡尔陷入了不可救药的二元论。解救的方法是，要么放弃无限永恒的东西，最后甚至放弃作为一切真理的保证者的上帝，用广延和运动解释一切，这正是那些唯物论者所要做的；要么就坚持用上帝和心灵来解释一切，结果是上帝变成了广延和运动，犹如斯宾诺莎所做的。维柯则要将这两者分别放入物理学和形而上学之中，即广延和运动是物理学之物，而心灵和德性则属于形而上学之物。上帝的心灵具有广延德性和运动德性，广延德性无差别地产生和支撑着一切不等广延，运动德性无差别地产生和支撑着一切不等运动；因而他自身静止却能推动万物，能产生广延而自身并非广延，能产生运动而自身并非运动。人的心灵可以通过物理现象创造出广延的观念和运动的观念，这种观念是对广延德性和运动德性的模仿，心灵就通过这种形式来理解自然现象，这种形式并非必然就是物理自然本身的形式，但却是心灵重构物理现象的恰当形式。这样上帝就仍然是创造的上帝，心灵也是创造的心灵，只不过人的心灵对物理现象的创造并不等同于上帝对自然物理本身的创造。心灵理解的只是物理的现象，这种理解只具有或然的真实性，因为心灵并不具有借以创造物理事物的任何要素和方式。

这样心灵就具有了关于物理现象的观念和关于形而上学的德性的观念，但这并不足以形成关于物理现象的知识。这需要一个中介让形而上学下降到物理学之中。这个中介就是几何学。在这里维柯是通过芝诺的形而上学的点来说明的。点的定义和一的定义一样，都是名称定义。因为点被定义为没有部分，也就是说点不是广延却又能产生广延，点自身不动却能产生运动，也就是说具有广延德性和运动德性，即动力。[1]一作为数的德性，自身不是数但却产生数，因为一虽然可以倍增，但倍增的一却不再是一本身。这种定义完全是心灵自己的创造，因而心灵具有对它们的绝对知识。由于这样的定义，全部数学知识的大厦才能建立起来。因此维柯说数学知识起源于形而上学，因为它从形而上学中借取了点和一这两个观念。这两个观念完全是心灵自己的创造，因而数学知识就成了心灵的绝对知识。同时，通过几何学的点，形而上学的点与物理学的广延和运动衔接起来了，因此心灵就有可能通过数学来整理和重构物理现象，从而创建起物理学的知识。但是，心灵对物理现象的重构只具有或然的真实性，一如上述。所以维柯说几何学就是由形而上学下降到物理学的最真的假设。最后，关于物理现象的知识是否具有真实性，还必须用实验加以检验。实验的本性就是既要做得与思想相似，又要与物理现象相似。只有同时满足这两个条件，才能说这种物理知识具有真实性，而且真实性的高低取决于相似程度的高低。维柯曾说分析方法或代数方法和化学中的加热分解一样，都是猜测和摸索，其真实的意思也就在于自然知识的这种或然本性。此外，读者还可以从宇宙论的角度来理解维柯的形而上学的点，正如有些学者所阐发的，但这并非译者的兴趣所在，同时限于篇幅，就不再介绍了。

至于其他一切关于自然现象或心理现象的知识，例如伦理知

---

[1] 有学者把维柯的形而上学的点与莱布尼茨的单子相比较。但莱布尼茨的单子被赋予了情感、感觉和意志，从而更像是一个寓言，而不是一个科学假设。

识，都和物理知识一样是或然知识。而且这些知识越沉浸于物理质料，就越不确实。一方面，当灵魂和精神从气的意义上来看的时候，同样属于上帝产生和创造的范围，灵魂和精神的产品——观念也不例外。如果要融贯一致地理解为什么维柯倾向于马勒布朗士的上帝在我们之内创造观念，同时又坚持一切观念都是由心灵创造出来的话——其中关于数学的观念是纯粹心灵的创造，而关于现象的观念虽然也是创造，但却并非完全的创造——就必须作上述理解。佐证译者这个看法的就是维柯关于精神之气和灵魂之气的区分所讲的话。[1]另一方面，从形而上学的角度来看，灵魂和精神却是一个统一的整体，和心灵一样都是不可分割的。之所以说精神不朽，那主要是因为它具有自由意志，能够追求无限，能够进行自由的创造。这样看来，关于肖似于神的知识的数学知识是可能的，不过是心灵虚构的产物；关于自然的科学知识是可能的，不过是关于物理现象的或然知识；关于人的意志自由和精神不朽是真实的，尽管它们实际上是由某种精气推动。这样维柯就避免了唯物论和唯心论的攻击，同时又满足了基督教上帝创造世界这个基本信仰；同样，维柯既反对了独断论，又没有陷入怀疑论的泥沼。

维柯之所以成功地达到了这一点，就在于他成功地探讨了人类心灵和精神能力的本性和界限。首先，与神的知识和人的知识的区分相对应，神的能力和人的能力也有着本质的区分，但两者共同的地方就在于都是一种创造的能力。关于这点在此不再多说。其次，维柯从赫伯特那里借取了关于能力的看法，即相对于任何一种感知，在我们之内都有一种新的能力来揭示和显示。但维柯对这个观念进行了改造：每一种能力都是创造的能力。这样的话，感知能力包括感觉、记忆和想象，都是创造的能力，例如每一种感觉都创造了各自特有的对象（注意不是外部对象）。关于想象的创造本性，我们在

---

[1] 参见本书第五章、第五章第二节以及第二答复第四部分关于灵魂不死的内容。

第一演讲中就已经看到了，在那里维柯说各民族的神祇都是由人们的想象创造出来的。对于感性能力的创造性的发现，使得维柯有机会发现古代的感性论题法，进而发现《新科学》中诗性智慧的感性真理。因为诗性智慧全都是感性智慧。如果没有确立感性能力的创造性，没有确立真实与创造相互转化这条真实标准，那就不可能发现真正的古代智慧，不可能把这种感性智慧看作是一切古代社会制度的最初起源。理性能力当然也具有创造这个特性，它们整理和安排心灵创造出来的各种要素，而它们本身也是心灵创造出来的形式和范畴。最后，认识的特有能力就是创造力，即将分散和差异联结为一的能力。这与笛卡尔的思维能力有着根本不同。在笛卡尔那里是一种反思的、批判的能力，而在维柯这里心灵的能力首先是一种创造的发现的能力。只有在发现和创造的基础上，才有反思和批判的材料，因此论题法永远先于批判法。对于维柯来说，只有论题法才能创造知识，而批判法只是鉴别知识；只有综合法才能产生新知识，而分析法只是阐发已有的知识。这使我们想到康德的综合判断与分析判断的区分。正确的方法必然首先是充分发挥人的创造力的方法。另外，心灵有着不同的运作方式和能力，也就要求有不同的艺术加以调控。其中感知能力用论题法，判断能力用批判法，而推理能力用方法。这里关于方法的讨论可以参见《论我们时代的研究方法》中的整合判断教育方法。

这样我们就得到了维柯认识论的要旨。无论是在真理观、知识观、能力观还是方法论上，维柯都确立起了一种创造的认识论。它与笛卡尔的反思的认识论完全不同，而我们的反映论在某种意义上就是笛卡尔反思论的产物。从思想史的观点来看，创造的认识论当然先于反思的认识论，这有维柯对诗性智慧的论述作证。创造的认识论并未因为人们没有发现维柯的这个理论，因而就不发生效用，因为无论社会实践还是思想理论，首先都是人类精神的伟大创造过程。

鸣　谢

首先要感谢意大利维柯研究中心，他们在得知译者决心从拉丁文和意大利文翻译维柯的著作后，慷慨赠予了由马佐拉（Roberto Mazzola）和切利诺（Ruggero Cerino）整理制作，由意大利那不勒斯的现代哲学和科学思想史研究所出版的维柯著作初版的凸版复制光盘，其中收录了由那不勒斯的斐利奇·莫斯卡出版社 1710 年出版的拉丁文版《古代智慧》（*De antiquissima Italorum sapientia ex linguae Latinae originibus eruenda*，Napoli，1710 ex Typographia Felicis Mosca）。译文参考了保罗·克里斯托弗里尼编订的《维柯哲学著作选》（*Opere filosofiche*，testi，versioni e note a cura di Paolo Cristofolini，Sansoni Editore），该书中《古代智慧》的拉丁文原文依照的是"意大利作家"系列中的尼科里尼校订本，由克里斯托弗里尼译成意大利文。翻译完成之后，译者又参照帕尔默的英译本作了校订，采用了英文本所作的大部分注释（*On the Most Ancient Wisdom of the Italians*，translated with an introduction and notes by L.M.Palmer，Cornell University Press，1988），并参考了该版本的译名索引。上海社会科学院的陆晓禾女士根据利昂·庞帕（Leon Pompa）的英译本《维柯选集》（*Selected Works*）所译的《维柯著作选》（商务印书馆 1997 年版）选译了本书的导论、第一、二、三、六、七、八章等部分，译者参考了该书的部分译名，在此深表感谢。

在哲学术语译名的选定上，译者还听取了复旦大学哲学系黄颂杰老师、张庆熊老师、汪堂家老师、丁耘老师和同济大学哲学系徐卫翔老师、韩潮老师、宗成河老师等人的意见。在物理学和生物学方面的译名确定上，得到了复旦大学生命科学学院徐曲苗同学的帮助。最后，宗成河通读了全部中文译稿。在翻译中还得到了复旦大学哲学系林晖老师的热情帮助，在此一并致谢。至于文中的错误和不当之处，当由译者负全部责任。

论意大利最古老的智慧
——从拉丁语源发掘而来

目录

序 言

只须对拉丁语言的起源进行思考，我就注意到，许多拉丁语词（verborum）的起源的确相当有学问，以至于它们看起来并不是出自百姓的凡俗习用，而是遵照某种内在的学理而产生。并且，如果一个民族比较崇尚哲学的话，那么，的确不能不使她的语言充盈着哲学用语（philosophicis locutionibus）。据我记忆所知，当亚里士多德学派的哲学家和盖仑学派的医学家繁荣的时候，甚至那些目不识丁者口中，流行的都是"逃离空虚"（fuga vacui）、"自然的爱憎"（naturae aversiones et studia）、"四种体液"（quatuor humores）、"性质"（qualitates）以及无数这种方式的用语；而后来，当新的物理学和医学技术盛行之后，你真的可以到处听到大众谈论起像"血液循环和凝结"（sanguinis circumlationem et coagulum）、"有益和有害的发酵"（utilia noxiaque fermenta）、"气压"（aëris pressionem）以及其他诸如此类的用语。[1] 在哈德良皇帝（Hadrianum Caes.）之前，像 *ens*（存在者，本体）、*essentia*（本质）、*substantia*（实体）、*accidens*（偶然）这类词语（voces），在拉丁人那里是听不到的，因为那时

---

[1] 从17世纪晚期旧的科学方法到18世纪早期新科学的缓慢发展，在这里是通过两种具有显著区别的语言来说明的，类似"隐秘的性质"等就是旧的语言，类似"血液循环"等就是新的语言。维柯这是在为他的理论提供事实证据——语言表述可以用来确定一个历史时期的世界观。这个核心理论维柯从来就没有抛弃，我们在《新科学》中可以发现它以多种形式出现。在《新科学》中，通俗语言体现的是各民族的神学诗人们——而不是早期民族的学者们——的深奥智慧。参见《新科学》1744年版，第444—455节。——英译本注

1

亚里士多德的形而上学尚未为人所知；[1] 在那些时期之后，博学之士们才崇尚他的形而上学，这些词汇（vocabula）也就通行起来。因此，当我注意到，拉丁语中涌流出相当有学问的用语（locutionibus），然而历史证明，直到皮洛士（Pyrrhus）[2] 时代，原始

---

[1] 维柯这里所想到的是昆体良（M. Fabius Quintilianus）——他在别处也时常引用他——以及他的著作《雄辩术原理》（Institutio Oratoria），该书写于图密善皇帝（Domitianus，81—96 在位）统治时期（约95），恰在哈德良皇帝（Hadrianus，117—138 在位）统治时期之前一代。维柯这里谈的是其中的两段，那里谈到拉丁语中的 essentia（本质）是对希腊语中的 ousia 的翻译，但维柯忽略了另外一个段落。昆体良在《雄辩术原理》（II，14，第 1—2 页）提到了 essentia（本质）和普劳图斯（Plautus）所说的 queentia（即 potentia，能）两者之间的印证关系。而自从拉德马赫（Radermacher）编辑的昆体良版本（Leipzig，1907）出版之后，queentia 就被更正为原稿中的 entia。参见厄诺特（A. Ernout）和莫雷特（A. Moillet）的 Dictionnaire étymologique de la langue latine（4th ed.，Paris，Klincksieck，1959）。但维柯所见文本一定写作 entia。在同书（III，6，第 23 页）中，昆体良又一次提到了普劳图斯对亚里士多德作品的翻译，并且讨论了罗马人翻译希腊哲学术语的方法。然而后来昆体良在同书（VIII，3，第 33 页）中，又把 essentia 和 queentia（对维柯来说就是 ens 或者 entia）这两个术语归于弗拉维斯（Sergius Flavius）。很明显，前面两段中的普劳图斯要么是笔误，要么就是弗拉维斯的名字的第三部分。但无论如何，这个普劳图斯都不可能是公元前 200 年左右的喜剧作家普劳图斯。维柯经常引证后者的作品，来支持他关于哲学术语的古代用法的争论。所以，维柯这里的论据部分奠基于将两人错误地等同，同时也部分奠基于错误手稿的流传。亚里士多德幸存下来的作品在公元最后两个世纪并没有广泛流传。在罗马，西塞罗（Cicero）读过并使用过亚里士多德的修辞学著作和对话录。大约在前 85—前 84，苏拉（Cornelius Sulla）拥有一个亚里士多德著作藏书馆［见普鲁塔克（Plutarch）的《苏拉传》（Sulla），第 26 页］，这些藏书自从安德罗尼库斯（Andronicus）在那个世纪中期之后一段时间将其编辑出版之后，也就成了我们出版的亚里士多德著作集的文献基础。维柯说亚里士多德的《形而上学》在罗马直到哈德良时代才为人所知，如果说这个断言是真的，也只是在这个意义上，即在哈德良之后，对于逍遥派哲学的新的兴起带来了对亚里士多德作品的学术讨论和评注。——英译本注

[2] 皮洛士（Pyrrhus，前 318—前 272）：伊庇鲁斯国王（Epirus，前 306—前 302 以及前 297—前 272 在位），他曾以惨重代价获得军事胜利，这使我们有了"皮洛士式胜利"（Pyrrhic Victory）这句习语。当代罗马史的学者们仍然主张，罗马与南部意大利的希腊人（转下页）

罗马人所从事者无非农业和战争，故而我推断，这些用语取自其他有学问的民族，并且被不假思索地加以应用。而原始罗马人能够从中汲取这些用语的有学问的民族，我发现有两个，即爱奥尼亚人（Jones）和埃特鲁斯人（Hetruscos）。关于爱奥尼亚人的学说，我想无须多讲，因为无疑是极有学识和无比卓越的意大利哲学学派（Italica Philosophorum secta），就是在爱奥尼亚人之中繁荣起来的。至于埃特鲁斯人，他们在隆重圣事方面的学问无出其右者，这就证明他们曾是极有教养的民族。因为自然神学（Theologia naturalis）在哪里精心培育，哪里的政治神学（Theologia civilis）[1]就会得到发展完善；而哪里关于最高神的观念更值得崇敬，哪里的宗教也就更庄严神圣；故而可以说我们基督教的礼仪最为纯正，因为我们关于上帝的教义最为神圣。不过还有，埃特鲁斯人的建筑比起其他民族来说，是最为纯朴的，这也提供了有力的证据，说明他们在几何学上

拉丁语言源于爱奥尼亚人和埃特鲁斯人
意大利学派极有智慧

埃特鲁斯人在形而上学上极有学养

埃特鲁斯人的几何学比希腊人的更为古老

（接上页）之间的接触是在皮洛士成为塔兰托（Tarento，该城位于意大利的"脚背"地区）的同盟和保护者之时才得到加强的。早期罗马人，例如那不勒斯以及马赛和希腊城邦的接触是可以得到证明的，但是他们和古典希腊时期的任何一个伟大而有名的城市都没有接触。在皮洛士进入意大利之前，罗马人发现，希腊人对他们军队的抵抗是相对弱小的，甚至根本没有抵抗。——英译本注

[1] 政治神学（Theologia civilis）：civilis 一词的翻译颇费周章，可以翻译为公民的、市民的、国民的，因为该词源于 cives（公民，市民）；也可以翻译为城邦的、国家的、国内的，因为 civilis 常常涉及拉丁语中的 civilitas（城邦），同时人们又经常联系到希腊语的 polis（城邦）；有时，又因为 civilis 涉及私人经济事务，所以被译为民事的，如 ius civilis 被译为民法；最后，该词也可以翻译为文明的，因为在城邦中公民拥有权利，遵守城邦法律，行为举止符合要求，那就是文明的。但其实 civilis 的这些含义都囊括在"政治"这个词之中了，拉丁人基本不用 politica 这个希腊的政治学术语，他们使用 scientia civilis 或 ars civilis，即政治知识、治国艺术或政治艺术。译者斟酌各种情况，在不同的语境中采取不同译名。——中译者注

早于希腊人。语源学研究已确证，拉丁人从爱奥尼亚人那里引进了很大部分优美的语言。众所周知，罗马人还从埃特鲁斯人那里吸取了多神宗教，以及相应的祭祀用语和祭司语汇。因此，我可以肯定地推断，拉丁人的那些词语的学术渊源就是这两个民族。因此，我就致力于从拉丁语本身的来源上，来发掘意大利最古老的智慧。据我所知，这项工作迄今的确尚未有人尝试，但它也许有幸可以忝列培根的宏伟计划之中。[1]因为柏拉图就曾经在《克拉底鲁篇》（*Cratylus*）中，试图按照同样的方法探求希腊人的古代智慧。[2]因而瓦罗（Varro）在《词源》（*Originibus*）[3]、斯卡利杰（Julius Scaliger）在《拉

本著作以柏拉图的《克拉底鲁篇》为蓝本，而与瓦罗、斯卡利杰、桑切斯和肖皮乌斯等人的著作相异

---

[1] 维柯在这里宣称，这项关于语言的哲学研究应该被加入培根在《论学术的价值和进展》（*De Dignitate et Augmentis Scientiarum*，1623）的附录中所介绍的"要解决的任务"（desiderata）中［附录题为《科学新世界或者要解决的任务》（*Novus Orbis Scientiarum sive Desiderata*），Montague ed.，London，1823，第129、131页］。关于维柯与培根关系的最精确研究，参见恩里克的《培根与维柯》［Enrico de Mas，"Bacone e Vico"，*Filosofia* 10（1959），第505—559页］。将维柯和培根的关系置于17世纪欧洲的广阔视野中来考察的颇为有益的文献，参见保罗·罗希的《弗朗西斯·培根：从巫术到科学》（Paolo Rossi，*Francesco Bacone: Dalla magia alla scienza*，Bari，Laterza，1957）以及安东尼·科尔萨诺的《维柯》（Antonio Corsano，*G.B.Vico*，Bari，Laterza，1956，第196—200页）。——英译本注

[2] 尽管柏拉图、培根、塔西佗（Tactus）和格劳秀斯（Grotius）是维柯尊重的四大作家，但是关于柏拉图和柏拉图主义对维柯的影响仍然有待深究。关于柏拉图的《克拉底鲁篇》与维柯的语言理论之间的关系，帕利亚罗（A. Pagliaro）曾有细心的研究。见《维柯的语言理论》［*La dottrina linguistica di G.B.Vico*，*Atti dell' Accademia Nazionale dei Lincei*，*memorie della classe di scienze morali*，*storiche*，*critiche e filologiche* 8，8（1959）：第379—486页］；再版时题为《语言和诗歌——根据维柯》以及《荷马和民众诗歌在维柯那里》，见《语义学批判评论另编》（"Lingua e poesia secondo G.B.Vico" and "Omero e la poesia populare in G.B.Vico" in *Altri saggi di critica semantica*，Messina and Florence：D'Anna，1961，第299—474页）。——英译本注

[3] 瓦罗（Marcus Terentius Varro，约前116—前27）：最早的罗马语言学家安迪奥库斯（Antiochus of Ascalon）的学生。瓦罗（转下页）

丁语考原》(*De caussis Latinae linguae*)^[1]、桑切斯
(Franciscus Sanctius)在《密涅瓦》(*Minerva*)^[2]、肖
皮乌斯 (Gaspar Scioppius)^[3] 在同书的《注释》(*notis*)
中所作出的杰出成就，离我们所要从事的任务相距
甚远。因为他们是从他们自己所擅长和耕耘的哲学
出发，致力于挖掘语言的原因，并将其综合为一个
体系；但我们绝不依附于任何一个学派，而是从语
词本身的起源上来探究，古代意大利人到底具有什
么样的智慧。

（接上页）的著述涉及农业、罗马古风、哲学以及天文学等，但不幸
的是，他的大部分著作都已失传。他的《论拉丁语言》(*De Lingua
Latina*)，共有书二十五部，但现存仅有五部。维柯曾经阅读了大量
瓦罗的著作，不管他在这里怎么说，他得益于瓦罗的比他愿意承认
的要多。瓦罗的许多宗教学研究曾被奥古斯丁利用，特别是在《上
帝之城》(*The City of God*) 的第四部中；同样也被阿尔诺比乌斯
(Arnobius) 以及特尔图良 (Tertullian) 在《致异教徒宣言》(*Address
to the Pagans*) 中利用。关于瓦罗的教育情况，可以参见西塞罗的
《学园派哲学》(*Academica*) 第一部。——英译本注

[1] 斯卡利杰 (Julius Caesar Scaliger, 1484—1558)：意大利著名人文
主义者，以科学的原则为基础写出了最早的拉丁语语法。《拉丁语
考原》(*De causis Latinae linguae*) 和一篇关于喜剧格律的简要论
文《论喜剧的格律》(*De comicis dimensionibus*) 是他生平出版的
仅有的著作。维柯在他的《新科学》1744 年版 (第 384、455、807
节) 中，以及在对他的一个学生的一部平庸著作的过分赞扬的评注
中，曾反复重申了他对斯卡利杰的判断。莱布尼茨把斯卡利杰看作
是通过对言谈形式的不断的连锁推理，从语词的起源推导它们的用
法的最好的语法学家。参见莱布尼茨的《哲学论文与书信集》(G. W.
Leibniz, *Philosophical Papers and Letters*, trans. and ed. L.E.Loemker,
Dordrecht: Reidel, 1970, 第 122 页)。——英译本注

[2] 桑切斯 (Francisco Sanchez El Brocense, 1523—1600)：西班牙
人文主义者，萨拉曼卡大学修辞学教授，这里提及的著作是《密
涅瓦，或者拉丁语源考》(*Minerva, sive de causis linguae Latinae*,
Salamanca, 1578)。——英译本注

[3] 肖皮乌斯 (Gaspar Scioppius of Neumark, 1576—1649)。——英译
本注

献给最尊贵的保罗·马提亚·
多利亚先生，一位无比杰出的哲
学家。

第一部或者形而上学

献　辞

　　首先我将在本书第一部中考察那些用语，我就是从这里推论出关于第一真理，关于最高的神意，关于人类精神，古代意大利贤哲都有些什么观点。这就是本书第一部所要考察的内容。确然无疑，我的这本书是献给无比渊博的大人您的，保罗·马提亚·多利亚先生[1]，或者更好地说，因为托您的福，我在这本书中讨论了一些形而上学问题，而您无论从天赋还是学识上来说，都与杰出哲学家这个称号相称，因为跟其他哲学问题来比，您更欣悦于此类极其高贵的学术研究。而且，您自己也以崇高的精神和精深的智慧，浸淫于这些问题本身。您不仅仰慕和称赞其他伟大哲学家的卓越思考，而且自信能够且已达到更高的成就，那在精神上的确伟大。您在智慧上

---

[1]　在这里以及在《自传》中，维柯都承认多利亚是那不勒斯唯一——位能与他讨论形而上学问题的博学的学者。参见维柯，《自传》(Vico, *The Autobiography*, trans. M. H. Fisch and T. G. Bergin, Ithaca, Cornell University Press, 1963, 第 138 页)(中译本收入朱光潜译《新科学》，商务印书馆 1989 年版，第 668 页。——中译者注)。多利亚 1666 年生于热那亚，1696 年来到那不勒斯，并一直生活在那里直到 1746 年去世。他曾数次担任麦地那切利(Medinaceli)学园的主席，开始是一个忠诚的笛卡尔主义者，思想成熟之后采取了一种更为保守的思想路线。他维护几何学中的综合方法和社会哲学中人的内在的善，并曾构想综合柏拉图、奥古斯丁以及笛卡尔。他的著作包括《市民生活》(*La Vita Civile*, Augusta, 1710)，《关于可见物和不可见物的运动和机械学的思考》(*Considerazioni sopra il moto e la meccanica dei corpi sensibili e dei corpi insensibili*, Augusta, 1711, 或许 1709 年已印出)，《围绕古代哲学和现代哲学所作的哲学批评方面的演讲》(*Discorsi critici filosofici intorno alla filosofia degli antichi e dei moderni*, Venice, 1724)，以及《反对洛克，捍卫古代形而上学》(两卷本)(*Difesa della metafisica degli antichi contro il Signore Giovanni Locke*, 2vols., Venice, 1732—1733)等。关于多利亚和维柯之间关系的一个有趣观点可以参见查伊兹-鲁伊的《维柯哲学思想的形成》(Jules Chaiz-Ruy, *La formation de la pensée philosophique de G.B.Vico*, Gap, L.Jean, 1943)。萨瓦托雷·博诺(Salvatore Bono)对于多利亚著作的批评分析产生了大量研究成果，参见《哲学评论》[*Rassegna di filosofia*, 4 (1955), 第 214—232 页]。在英语世界中关于多利亚以及他与维柯的关系研究最好的是大卫·拉赫特曼的一篇文章《维柯、多利亚和综合几何学》[David Lachterman, "Vico, Doria and Synthetic Geometry", *Bollettino del Centro di Studi Vichiani*, 10 (1980), 第 10—35 页]。也可见斯通撰写的《维柯和多利亚：他们友谊的开始》，载《新维柯研究》[Harold Stone, "Vico and Doria: The Beginnings of Their Friendship", *New Vico Studies*, 2 (1984), 第 83—91 页]。——英译本注

也毫不逊色：您是近来所有哲学家中唯一将第一真理引入人类生活实践的人，并且从中引出两条道路，一条通向机械学，另一条通向政治理论（doctrina civilis）。此外，您还构想出一位完善的君主，他远离一切坏的治国艺术，与塔西佗和马基雅维利的教导截然不同。因此，再没有什么比您的学说更加符合基督教的法律，更加满足国家幸福的需要的了。但您的这些贡献是谁都知道的普遍贡献，只要听到您那极其高贵和极其显赫的名声就够了。至于您对我的特别教益乃是，您不仅以您的极其卓越的个人品格，怀着无比的善意来关照我和我的作品，而且特别鼓励了我从事这项研究。就是去年，我在您家里的晚宴上作了一场演说，在演说中，我仍然从拉丁语源出发，把［事物的］自然本性放在运动之中，即在运动中，万物都通过楔形的力（vim cunei）而被推向各自运动的中心，通过相反的力从中心向周围推至周边。并且，万事万物都通过这种收缩和扩张而产生、生存和死亡。[1] 然后您和奥古斯丁·阿里安（Augustinus Arianus）[2]、克里斯托夫的胡沁（Hyacinthus de Christophoro）以及尼古拉·加里提亚（Nicolaus Galitia）[3]——都是这个城邦里满腹经纶的杰出公民——你们提议我从头开始研究这个论题，以使之有理有序地牢固确立起来。于是我就坚持上述拉丁语源这条路，探索了这里的各种形而上学问题。除了谨记他们三位大人之外，在此我更要将此书献给您。因为我将在未来的学术探索中，另外表达我对这三位无比卓越的大人的感激之情和特别的尊敬。

---

[1] 按照维柯所设想的哲学体系，这个理论将会出现在他的第二部书即《物理学》中。——英译本注

[2] 奥古斯丁·阿里安（Agostino Ariani, 1672—1748）：数学教授、数学家，自身有所成就，但他被人们记住的主要功绩是将牛顿的理论介绍到了那不勒斯大学。参见《奥古斯丁·阿里安生平和著作记述，法学家温谦佐·阿利亚尼选编》（*Memorie della vita e degli scritti di Agostino Ariani, raccolti da Vincenzo Ariani, giureconsulto*, Naples, 1778）。——英译本注

[3] 尼古拉·加里提亚（Nicola Galizia, 1663—1730）和胡沁（Giacinto di Cristoforo），二人都是具有激进的现代革命精神的律师和数学家，曾被宗教法庭以无神论者和原子论者的罪名加以迫害。参见巴达洛尼的《维柯评介》（Nicola Badaloni, *Introduzione a G.B.Vico*, Milan, Feltrinelli, 1961，第192、194、235页）。——英译本注

第一章　真实与创造

对拉丁人来说，*verum* 与
factum 同一

对拉丁人来说，*verum*（真实）与 *factum*（创造）是
交互相应的（reciprocantur），或者用经院派的俗话
来说，它们是相互转化的（convertuntur）。[1] 同样

---

[1] verum 与 factum 这一对维柯哲学中的核心概念极其难译。在本书初
版（上海三联书店，2006）中，译者遵照通常的习惯，将 verum 译
作"真理"，但这样处理存在很多问题。verum 一词是形容词 verus 的
中性化名词，意为真的东西，既可以是一项事实陈述，例如："我闻
到榴莲的臭味，尝到它的香味。"也可以是一项命题，例如："三角形
内角之和等于180度。"维柯兼用 verum 一词的两种意义。由此可以
看出，verum 并不等同于真理。按照维柯的说法，当我们把握了一个
对象的所有元素并创造了这个对象，相应的元素、创造过程以及创造
的对象对我们来说就是真的，但它们并不一定是真理。维柯的 verum
如果指现象，那就是真相，在《新科学》中我们就常常碰到这种用
法；如果指命题，例如形而上学命题、数学命题，那就是通常意义上
的真理，因为所谓真理必须至少是一项命题。本书中要处理的主要
问题属于第二种，特别是第四章，讨论的就是数学和物理学的真理问
题。但本书也涉及了第一种，特别是第七章，将各种认识都归于能力
名下讨论其创造性和真实性。此外，在维柯引证喜剧作家普劳图斯的
几个场合中，verum 都不可用真理这个词来与之对应（参见维柯的
第二答复），因为那只是陈述某项确定无疑的事实。就 verum 本身的
词源学解释上来说——当然这是语法学家的解释——它的原初形式
是 wero，这在斯拉夫语系、日耳曼语系以及凯尔特语系中可以找到佐
证，如斯拉夫语中的 vera，德语中的 wahr 等，其共同的含义是"诚"、
"信"等。

由此可见，中文"真理"这个词由于其强烈的理性主义和反映
论色彩，很不适合来对应 verum 这个关键概念。应该有一个概念，
拥有真实性这个意思，因而可以同时涵盖真相和真理。译者经过
这几年的苦苦思索和学术讨论，最终认为有两个译名可用："真的"
和"真实"。这里的"的"读"dì"或"de"，为行文读诵方便，读
"dì"似乎更好。"的"本身既有"明白、的确、确实"之意，又可以与
"真"合在一起，使之成为名词，表示真的东西，因而囊括了真相和
真理。"真的"一词作为形容词、名词，甚至副词，都是常用词，如
同 verum。但其主要缺点在于，它并非中国哲学术语，行文也有所不
便。"真实"在行文中也有困难，因为"真实"本身是形容词，读者
需要牢记，当它作名词用时，指的是"真实之物"，相当于后者的省
略语。比较两个译名，"真实"似乎更靠近哲学用语，"真实与创造
同一"这个表述也更通顺，很符合这一原则的实质精神，因而只好
牺牲在其他语境中的不足，最终选择了这一译名。但在翻译过程中，
译者并未将 verum 全部译作"真实"，尽管这样能够保持（转下页）

对他们来说，*intelligere*（通晓）就等同于"完美 何谓 *intelligere*
地采集"（perfecte legere）、"明白地知晓"（aperte
cognoscere）。而他们所说的 *cogitare*（思维），则是 何谓 *cogitare*

（接上页）统一。在明显是"真理"而非"真相"的情况下，译者仍
译作"真理"；在并未明确指"真理"的地方，则译作"真实"；根据
语境，少数地方译作"真的"；同样，如果明确是"真相"而非"真
理"，则译作"真相"，这在《新科学》中随处可遇。若是形容词，则
分别相应译作"真的"、"真实的"、"真正的"。读者遇到这些译名，
可以直接想到，它们都对应于 verum 或者其形容词。在拉丁语中还有
一个相关词 veritas，这个词是 verus 的性质化名词，主要指真理或真
相的真实性质，则译作"真实性"。

如果说 verum 一词在翻译中已经难以把握的话，那么 factum 一
词的含义更加广泛，更加难以准确把握。已有的中文译本一般将其译
作创造、创造物，也有将其译作事实，因而维柯的这个核心原则就被
译作"真理与事实相互转化"了。其实，factum 按照其普通含义来理
解，就是"做"，所谓的创造、创造物、事实、事情等不过是它的特定
表现形式，正如真理只是真实的一种表现形式而已。因此维柯在第三
章《论原因》中，进一步把真实与创造相互转化这个原则放在 caussa
（原因）、negocium（事因）、effectum（结果）这一系列词源学探究中
继续讨论。从词源学上来讲，factum 源自动词 facere（做，干，为），
可以理解作后者的目的式动名词，也可理解为它的被动式完成时中性
分词，factum 还可以理解为形容词 factus（完成了，做好了）的中性化
名词，或者直接理解为拉丁语中的名词，意为所为、所成之事。总之，
factum 既包括做的过程，也就是运作，也包括其结果，同时还与其原
因相联系，最后，只有上帝和人之作为才能被称为创造。译者根据情
况将名词 factum 译作创造、创造物等，动词 facere 译作创造、做等。

英译本将 verum 译作 the true（真实之物），将 factum 译作 the
made（被创造之物）。英译者在这里给出了一些参考资料。关于这些
语词的字面含义，可以参见 Lewis 和 Short 的观点：verum 即真的事
物或真实的事物，也指一件事实。factum 的含义涵盖了英文中以下词
的含义：done（做成的）、performed（被执行的）、accomplished（实
施完毕的）、prepared（准备好的）、produced（被制造的）、brought to
pass（形成的）、caused（被引起的）、effected（有结果的）、created
（被创造的）、committed（被执行的）、perpetuated（被付诸永恒的）、
formed（形成的）、fashioned（塑成的）、made（被做的），等等。关
于 verum 在词源上可能来自希伯来语中的 davur，参见巴蒂斯蒂尼
的《维柯和诗性神话词源学》，见《语言和文体》[Andrea Battistini，
"Vico e l'etimologia mitopoietica"，*Lingua e stile*，9（1974），第 31—66
页]；关于这个原则的历史起源，参见蒙德尔弗的《维柯之前的"真
实与创造"原则》[Rodolfo Mondolf，*Il "verum-factum" prima di Vico.
Studi Vichiani*，no.1，Naples，Guida，1969）；关于这个原则在维柯思
想发展史中的哲学意义，参见拉马齐亚的《〈新科学〉之前的真实与
创造原则》[Ada LaMacchia，*Il verum-factum prima della Scienza nuova*，
Bari，Ecumenica，1978）。——中译者注

我们的本土语言［意大利语］所说的 *pensare*（思考）或 *andare raccogliendo*（进行采集）。同样对他们来说，*ratio*（理性）就意味着算术元素的结合（collectionem），它也是人特有的天赋，人以此区别于无理性的动物，并且因而比它们优越。他们通常把人描述为分有理性的动物（*rationis participem*），而不是理性的完全主宰。另一方面，正如语词（verba）是观念（idearum）的象征与标志，观念就是事物的象征与标志。因此，正如阅读（legere）是汇集（colligit）书写的元素——语词就是由这些元素构成的——通晓（intelligere）就是汇集（colligere）事物的所有元素，借以表达最完美的观念。[1] 因此人们可以推测，意大利古代贤哲是同意下述关于真实的论述的：真实就是创造本身（Verum esse ipsum factum）；因而第一真实（primum verum）就在上帝之内，因为上帝是第一创造者；第一真实是无限的，因为上帝是一切事物的创造者；第一真实是完全的，因为对上帝而言，他自身就表现了事物的一切元素，无论是内在元素还是外在元素，这又因为，上帝本身就包含了所有这些元素。

然而，认识（scire）却是事物元素的结合。因此，人的心灵所特有的能力是思维（cogitatio），而神所特有的能力则是通晓（intelligentia）。这是因为，神采集事物的所有元素，无论是内在的还是外在的，

［1］ 这里的 intelligere（通晓、懂）、colligere（汇集，集置）及后者的名词形式 collectio 的共同词根都是 legere，这个词的最初含义是采集，后来又具有了阅读这个含义。维柯在这里正是同时利用了这两种含义。英译本将 legere 译作 read（阅读）。——中译者注

（左侧旁注）

何谓 *ratio*

人被称为分有理性者

真实即创造

为何第一真实归于上帝
为何第一真实是无限的

为何它是完全的

何谓认识
思维为人类所有，而通晓则为上帝所特有

这又因为，神包含并安置着它们；但是，人的心灵是有界限的，即它处于一切其他事物之外，其他任何事物都不是它自身，故而它只能汇集事物最外在（extrema）的元素，从来都不能汇集事物的所有元素。如此说来，人对事物当然是可以思考的，但却不能通晓。所以说人虽然分有理性，但却并非理性的主宰。打个比方来说，神的真实是事物的立体像，正如塑像；人的真实则是素描或平面像，犹如绘画。同理，正如神的真实意味着神在知晓事物的同时，也就安置和产生了它们；人的真实则意味着人在认知事物的同时，也就将它们结合在一起，亦即创造了它们。据此，可以说知识就是对事物生成变易的属（genus）或方式（modus）的认识（cognitio）。[1] 根据这种知识，当心灵将事物的元素结合之时，它也就认识了事物的方式，与此同时，它也就创造了事物。之所以说神的真实是立体像，是因为他把握事物的所有元素；之所以说人的真实是平面像，是因为他仅仅把握事物的外部元素。为使以上论述能够更好地和我们的基督教相结合，必须认识到，意大利古代哲学家曾经认为，真实与创造是相互转化的：因为他们认为世界是永恒的；而异教哲学家同样尊崇上帝，这位上帝仅仅外在地（ad extra）发生作用——但这却是我们的基督教所否定的。按照我们基督教的观点来看，世界是在时间里从无

神的真实是事物的立体像，而人的真实则是事物的平面像

知识就是对事物变易方式的认识

为何意大利古代哲学家将真实等同于创造

在我们的宗教中必须作出某种区别

---

[1] 参见《新科学》1744年版，第147节："事物的本性无非就是它们在一定时期按一定方式诞生，时期和方式怎样，产生的事物也就是怎样，而不是别样。"［这里的事物（cose）在特定意义上就是制度。——中译者注］——英译本注

中产生的。因此，根据我们的宗教，有必要对事物作出这样一个区分，即产生出来的真实（verum creatum）与创造（factum）相互转化，而未产生的真实（verum increatum）则与产生（genitum）相互转化。[1] 同理，由于神的智慧（sapientia divina）在自身中就包含了一切事物的观念，进而也包含了一切观念的元素，故《圣经》以其真正神性的优雅，把神的智慧称为语词（Verbum）。因为在那语词中，真实是与对一切元素的把握相等同的。正是这种把握构造了万物宇宙，而且，只要他愿意，还可以创建无数的世界。而正是在这些来自神的全能的认识中，才显出那语词的真实性和无比完美，因为它自永恒中（ab aeterno）为天上的圣父所知；同样也自永恒中为天上的圣父所产生。[2]

为何神的智慧被称为语词

第一节　论知识的起源和真实性

根据古代意大利贤哲关于真实的以上论述，以及我们基督教所沿用的关于产生和创造之间的区

---

[1] 这一句比较费解。一个关键点是 creatum 和 factum 的区分。由于我们把 factum 译作"创造"，就不能再把这个译名给予 creatum，但其实，创造世界本来是上帝的专利。我们在这里把 creatum 译作"产生"，和维柯所用的另一个术语 genitum 的译法相同，该词的意思还包括生育。译者窃以为可以如此解释：神既可以创造，也可以产生；世界起初并不存在，必然要由上帝产生出来；世界产生以后，才有了上帝进一步的创造活动和人类的创造活动。真理与此相同。但是，如果撇开基督教的神创世界论，那就很简单，由于没有产生的真理和未生的真理之分，那么一切真理都与创造相互转化。——中译者注

[2] 在基督教传统里，Verbum（语词）就是 comprehensio elementorum et idearum（对元素和观念的把握），知识正是出自对元素和观念的把握，而观念则诞生于元素。然后，res（事物）就是由这种 comprehensio（把握）的自由运动［也就是 Verbum（语词）］所创造。——英译本注

别，[1] 我们得出的第一条原则就是，既然完全的真实（exacte verum）就在唯一的上帝那里，那么我们就必须承认，由上帝启示给我们的就是完全真实的；我们也不能追问作为真实之存在方式的属，因为这是我们完全不能把握的。但我们从这里却能够叩问各门人类知识的起源，最后也能拥有借以辨识真假知识的法则。上帝知晓一切，因为上帝在自身中就包含着借以构造一切事物的元素；但人类却要努力通过分解才能认识它们。因此，人类知识看起来就是对自然作品的某种解剖。因为，举一个显明的例子来说，人类知识将人切分为肉体与精神；精神又切分为理智（intellectus）和意志（voluntas）；从肉体中又剥离或抽象出形状、运动，然后正像从其他一切事物中一样，又从形状和运动中抽出存在者（ens）和一（unum）。形而上学研究存在者，数学研究一及其倍增，几何研究形状及其度量，机械学研究外部运动（motus ab ambitu），物理学研究内部运动（motus a centro），[2] 医学研究身体，逻辑学研究推理，伦理学研究意志。但事实是，对事物的分解如同平常对人体的解剖一样，在解剖中，即使最精深的物理学家，也非常怀疑所谓事物各个部分的状态、结构和各个部分的功能，怀疑是否在死亡之后，体液凝结了，运动停止了，尸体分解了，活

为何天启神学是最确实的知识

人的知识是对自然的某种解剖

---

[1] 参见上节：产生出来的真实与创造相互转化，而未产生的真实则与产生相互转化。——中译者注

[2] 由于科学发展的历史时代的关系，这里的术语比较难以确定其准确译名。外部运动（motus ab ambitu）在英译本中译作 motion from the periphery，内部运动（motus a centro）译作 motion from the center。按照字面意思来看，好像分别是向心运动和离心运动，但不符合机械学和物理学的一般定义。维柯在下文又说"机械学研究周边的外部运动，而物理学研究中心的内部运动"，因此译者在这里将其分别译作"外部运动"和"内部运动"。——中译者注

体的状态和结构因而死去，也就不能再探究各个部分的功能了。故而，存在者、统一（unitas）、形状、运动、身体、理智、意志等，在上帝那里和在人那里是不同的：在上帝那里它们是一，而在人那里却相互分割开来；在上帝那里是活的，而在人那里则是死的。因为，既然如基督教神学家们所说，上帝是大全（omnia）而超越（eminenter）大全，还有，既然诸存在者的不断生成和衰败都丝毫不能改变上帝，因为它们对他既不能增加，也不能减损；那么，有限的、产生出来的存在者，就是那无限和永恒的存在者的安置。因此，只有上帝才是那真正的存在者（vere ens），其他的一切毋宁说只是属于那存在者（entis）。故而，当柏拉图谈到那绝对的存在者（absolute ens）时，他意指最高神（summum Numen）。[1] 然而何须柏拉图的证明，既然上帝自己向我们定义自身为：*Qui sum*（我在）和 *Qui est*（自在）[2]，就如在他面前，一切个别物都不存在一样。我们的禁欲主义者们（Ascetae），或者我们的基督教形而上学家们这样宣告说：在上帝面前，无论我们多么伟大，也无论因何而伟大，我们仍然是无。并且，既然上帝是唯一的一（unice unus）——因为他是无限的（因无限不能增减）——故而产生出来的统一在上帝面前就消逝了。因为同样的原因，在上帝面前，形体也消逝了，因为无限是不可衡量的。运动是由空间得以定义的，而空间是由形体来充实

知识的对象在上帝中和在人类中是不同的

上帝即那存在者，产生的事物属于那存在者

真正的一就是那不能倍增者

无限是超越形体的，不为空间所限

---

[1] 这句引用的有效性是值得怀疑的。很可能维柯想到的是《巴门尼德篇》，而且是经新柏拉图主义传统详审过的《巴门尼德篇》。——英译本注

[2] Qui sum（我在）：第一人称的存在，指神的现身。Qui est（自在）：第三人称的存在，指神的退隐。——中译者注
《旧约·出埃及记》，3:13—14，有所改动。——英译本注

11

的，既然形体已经消逝了，运动也就消逝了。人类的理性也消逝了，因为在我们这里是推理的东西，在上帝那里直接就是作品（opera）；之所以如此，是因为上帝在自身中就拥有其所通晓之物，并且拥有一切呈现。最后，我们的意志（arbitrium）是脆弱易变的，然而上帝的意志（voluntas）是不可抗拒的，这是因为上帝本身就是至善的，他也仅仅以自身为目的，此外并不为自己设定其他目的。现在让我们来考察一下，上述论点在拉丁言谈中的遗迹。例如，同一个动词 minuere（缩减，缩小），同时意味着缩减（diminutionem）和分解（divisionem）两个意思，[1] 仿佛就是说，事物分解后就不再是合成时的事物了，而是缩减了、改变了、败坏了。我们看到，所谓的分析方法（via resolutiva）[2]，如果用于亚里士多德学派所推崇的种属和三段论，就显得空洞无用；如果用于代数学中的数目分析，那就是猜测性的；如果用于化学中的加热和溶解，那也只是在摸索而已。之所以如此，难道就在于上述原因？因此，当人们追寻事物的本性时，最后他们会发现，这根本无法做到，因为人在自身内并不具有借以构成事

在人那里是推理者，在上帝那里只是作品

在人那里是独断的意志，而在上帝那里则是不可抗拒的意志

拉丁语中动词 dividere 与动词 minuere 同义

所谓的分析方法

如果采用三段论，就会空洞无用

如果采用数目分析，那就是猜测

如果采用加热和溶解方法，那也是摸索

---

[1] 维柯所说的这两个含义实际上即常见的隐喻意义，即"缩减"，以及较为罕见的字面意义，即"分解为更小的部分"。参见莱维斯（Lewis）和肖特（Short），minuere 词条。——英译本注

[2] 逻辑过程，即种含于属内，亚里含于种内，一般被理解为根据种属原则建立的分类方法。从历史上来看，这种方法首先为柏拉图所采用，作为辩证方法的替代物，阐释得最好的地方就是《智者篇》。参见《逻辑学的发展》（W.M.Kneale, *The Development of Logic*, Oxford, Oxford University Press, 1962, pp.9ff）值得注意的是，维柯依赖语源学来批评亚里士多德学派的分类方法，说这种方法把数学还原为魔术，对任何严肃的科学研究来说都是完全无用的。尚不清楚这种还原会达到什么结果。笛卡尔、帕斯卡以及牛顿这些现代思想家是不会同意这种"分析方法"在代数学中仅仅是猜测性的观点的。——英译本注

抽象产生于人类心灵的缺陷
抽象是人类知识之母

物的元素，而这本身又是出于其心灵的缺陷，即一切事物都在自身之外。但心灵却能将它的缺陷转化为有益的功用，它通过人们所谓的抽象为自己创造了两样东西：一个是能标画的点，另一个是可以倍增的一。不过两者都是虚构的：因为点被标画时，就不是点；而一倍增时，也不再是一。况且，心灵也可以完全合法地根据这些一直如此进行下去，直至无限，从而线引向无限，一化为无穷，这些都是合法的。通过这种方式，心灵就为自己创建了一个形式和数目的世界，并且在自身中就可以思有这整个世界，即通过对线的延长、缩短、联结，对数的增加、减少或计算，心灵就可以造就无限成果，因为它在自身中就认识到了无限的真实。不仅在问题（problematibus）中，而且在被普遍认为满足于单纯思维的定理（theorematis）本身中，也需要某种运演（operatione）。[1] 因为当心灵汇集所要沉思的真实之元素时，若要成功，就不能不将心灵的认识做成真的。因而物理学家并不能从真实来定义事物，因为这就是给事物颁布各自的本性，或者从真实来创造它们。这对上帝来说是合法的，然而对人类来说却

人为自身构造了某种形式
和数目的世界

算术是一种运算知识

上帝根据真实来定义事物

---

[1] 普洛克鲁斯（Proclus, 410—485，希腊哲学家，新柏拉图主义主要代表。——中译者注）在《欧几里得》（*Euclid*）（I,125）记载了学园数学家们关于"问题"和"定理"之间的区别的意见纷争，他说斯彪西波（Speusippus）和安菲诺姆（Anphinomous）坚持所有数学命题都应该被称为定理，而梅奈赫莫（Menaechmus）却要将它们称作问题。维柯知道普洛克鲁斯的《神学原理》（*Institutio Theologica*）（参见第二答复），他也一定读过由巴洛齐（Francesco Barozzi）用意大利语翻译的普洛克鲁斯的《欧几里得评论》（*Commentary on Euclid*, Padua, 1560）。关于"定理"与"问题"之间区别的入门性的讨论，参见博温 [Alan C.Bowen, "Menaechmus versus the Platonists: Two Theories in the Early Academy", *Ancient Philosophy* 3, no.1（Spring 1983），第 12—29 页]。——英译本注

不可能。人只能定义名称本身，就像上帝一样，不需要任何事物作为基础，几如从无中产生事物，定义出点、线、面。点这个名称意指那无部分者；线的名称则意指点的延长，或没有宽度和厚度的长度；而面则意指两条不同的线在同一点上交合，或者说有长度和宽度，但没有厚度。据此规定，当心灵不可能持有事物的元素时——事物本身当然是从这些元素中取得其实存的——却可以为自己创造出语词的元素，通过语词，他可以唤起毫无矛盾的观念。关于这个，创制拉丁语的哲人们已洞察得相当清楚。因为我们知道，在罗马人的言谈中，他们把名称探究（*quaestio nominis*）与定义探究（*quaestio definitionis*）看作是毫无区分的；并且他们认为，探究定义就是探究说出的语词在人们共同的心灵中所唤起的东西。由此可见，在人类知识和化学中所发生的是相同的情形。因为，正如在化学中，当人们去研究毫无效用的事物之时，却意外地诞生了对人类极为有用的实用艺术——药物学（Spargiricam）；同样，当人类的好奇心去考察按其本性不可能把握的真实之时，却诞生了两门对人类社会极为有用的知识——代数学和几何学，并且由此两者又诞生了机械学，后者是人类必需的各门艺术（artium）之父。从而可以说，人类知识就诞生于我们心灵的罪过，或者说它本身的最大缺陷。由于这种缺陷，任何事物都在它之外，在它自身中也不包含任何它所力图认知的东西；而正因为并不包含，所以它就不能做出所要追求的真实；而那最为确定的知识，就是那些能够免除这种原罪的知识，也就是在运作上

人只是定义事物的名称

拉丁语中定义探究和名称探究同义

人类知识和化学有相同情形

最确实的知识就是对人类最有用的知识

其中真实与创造相互转化的知识肖似神的知识

14

真实之标准就是做成它本身

类似于神的知识的知识，因为在这种知识中真实与创造相互转化。那么由上所述，完全可以得出这样的结论，即真实的标准和法则就是做成它本身。[1]

如此说来，我们心灵的清晰分明的观念不仅不可能是其他任何真实之标准，甚至也不可能是心灵自身的标准。因为当心灵认识自身的时候，它并没有做成它自身；由于它并没有做成它自身，它也就不知道它借以认识自身的属或方式。又因为人类知识来自抽象，那么知识在多大程度上沉浸于形体质料，就在多大程度上是不确定的。

为何知识越沉浸于质料就越不确实

比如说机械学不如代数学和几何学确实，因为它考虑运动，但却借助于机械。物理学不如机械学确实，因为机械学研究周边的外部运动，而物理学研究中心的内部运动。伦理学又不如物理学确实，因为物理学考虑物体的内部的运动，这种运动来自自然，而自然是确实的；伦理学则探究精神的运动，这种运动是最内在的运动，并且在很大程度上来源于情欲，而情欲又是无限的。并且，对物理学思想的证实就是做成与之相似。

物理学思想的证实就是做成与之相似

这样，如果我们能够对物理学思想加以实验，并且通过实验做成与自然相似，那么关于自然事物的思想就有了最大的清晰性，同时也就获得了所有人的最高赞同。

人的真实在什么条件下与善相互转化

用一句话来概括，如果被认识为真实的东西从心灵那里取得自己的存在，并且也被该心灵所认识，那么真与善就相互转化；这样说来，人的知识就是对神的知识的模仿。在神的知识中，所谓神认识真实，就是说他从永恒中内在地（*ad intra*）

---

[1] 真实的标准和法则就是做成它本身：拉丁文原文为 veri criterium ac regulam ipsum esse fecisse；摘要中的表述是：真实之标准就是做成它本身，veri criterium est idipsum fecisse。这句话还可以译作：真实的标准就是把该项真实本身做出来，创造出来。——中译者注

15

产生真实，在时间中外在地 (ad extra) 创造真实。真实之标准在上帝那里就是在产生［真实］的过程中，把善融入他的思想中，因为"神看着是好的"[1]；与之类似，真实之标准在人那里就是做成我们所认识的真实。但为使以上所述站在更坚实的基础上，就有必要抵制住独断论者和怀疑论者的进攻。[2]

第二节　论笛卡尔所沉思的第一真理

当代的独断论者［笛卡尔主义者］在形而上学面前把一切真实都视为可疑的，不仅包括那些生活实践真理，例如伦理真理和机械真理，而且也包括物理真理，甚至还包括数学真理。因为他们教导说，实际上仅仅存在一门形而上学给我们提供确凿无疑的真理，而一切第二真理都像是从一个唯一的源泉发源一样，从那确凿无疑的真理发源出来，流入其他知识之中。因为，既然其他知识的真理都不能明证存在者的存在，不能明证这些存在者之中一个是心灵，一个是物体；那么，也没有任何知识[3]能够确定它们所处理的题材。故而他们尊崇形而上学为其他各门知识奠定了各自相应的基础。由此他们的伟大的思想家［笛卡尔］要求，谁如果要

形而上学给其他各门知识
分配研究的题材

---

[1]　《旧约·创世记》，1：12。——英译本注
　　拉丁文原文为：vidit Deus, quod essent bona，直译就是："神看到了，因为它们是好的。"——中译者注
[2]　关于这一段的康德式理解，参见金蒂莱，《维柯研究》(G.Gentile, *Studi Vichiani*, Florence, Le Monnier, 1927, 第107—146页)。——英译本注
[3]　原文 quicquam certae, 疑为 quaequam certae, 跟随前面 scientias(各门知识)，与 ceterarum (其他知识) 同为阴性复数。这里指除了形而上学以外的其他任何知识。——中译者注

独断论者和怀疑论者的分野之处

笛卡尔欺骗的恶魔和斯多亚学派的天启之梦并无二致

也与普劳图斯的《安菲特律翁》一剧中化身为索西亚的墨丘利相同

想进入思想圣殿之门，那么他就不仅要涤净各种信条（persuasioibus），或者如他们所说的各种偏见（praeiudiciis），这些都是人们从小就通过感官的错误信息（nuncios,nuntios）而接受下来的；而且还要涤净通过一切其他知识学到的各种真理；并且，由于忘却并非我们的本性，所以即使心灵不能纯净如白板，也要使之犹如未打开的书，以便以后在更好的光明中展开，然后再去聆听形而上学家的教诲。由此可见，独断论者和怀疑论者的分野之处就在于所谓的第一真理，也就是他的形而上学所展现给我们的第一真理。那么这种第一真理到底是什么呢？这位伟大的哲学家如此教导：人们可以质疑下列事情，例如他是否感知，是否活着，是否有形体，最后甚至他是否真的存在。在证明他的观点的过程中，笛卡尔借助了某种可以欺骗我们的恶魔的力量，这与西塞罗（Cicero）在《学园派哲学》（*Academicis*）一书中所谈到的斯多亚学派（Stoicus）并无二致，因为斯多亚学派为了证明同样的观点，最后也求助于诡计（machinam），并且诉诸天启之梦。[1][但是在人们怀疑的同时，] 无论如何，他不能不对这个事实具有良知，即他思维；并且，从这种思之良知，他也不能不确实地得出这个结论，即他存在。故而笛卡尔揭示说，第一真理就是："我思故我在"（*Cogito：Ergo sum*）。的确，正像笛卡尔欺骗的恶魔、斯多亚学派的天启之梦一样，普罗提诺（Plautinus）[2]那里，由于墨丘利（Mercurius）化身为索西亚（Sosia）的形象，便驱使索西亚开始怀疑自己是否存在，在同

[1] 西塞罗，《学园派哲学》，II，15，47。——英译本注
[2] 应为普劳图斯（Plautus）。——中译者注

样的沉思中，最后他也寄托于这种第一真理：

> 我发誓，千真万确，当我
> 注视着他，就认出
> 我的外貌，
> 就像我经常在镜子里面
> 看到的那样，他实在是
> 太像我了。
> 他有着同样的宽边帽，
> 还有衣服，简直跟我
> 一模一样：
> 腿，脚，身材，发式，
> 眼睛，鼻子，牙齿，嘴唇，
> 脸颊，下巴，胡子，脖子：
> 说到哪里都一样。
> 如果他的背上疤痕累累，
> 那就再没有更像的了。
> 但是当我思之时，确然无疑地，
> 我是，并是我所是。[1]

  但怀疑论者并不对我思这件事进行怀疑。相反，他对在自己看来所看到的东西（quod sibi videre videatur）是如此的确定，如此的执著，甚至用嘲讽和谎言来为自己的论点进行辩护。他也并不怀疑自身的存在，相反，他甚至用悬置信念（assensus suspensionem）以求得自身的良好存在（bene esse）[安宁]，不愿在现实世界的烦苦之外，还添上意见

---

[1] 普劳图斯，《安菲特律翁》（*Amphitryo*），441—447。——英译本注

18

世界的烦苦。但他们坚持认为，我思的确定性属于良知（conscientia），而不是知识，还把这种良知规定为俗常认识，认为这是在任何一个诸如索西亚这样的不学之士身上都会发生的东西。这也根本不是什么精深罕见的真理，需要伟大的哲学家苦苦思索，以便把它发现出来。知识就是把握事物生成的属或形式，而良知却属于那些我们不能明证其属或形式的事物，因而在生活实践中遇到的所有那些毫无证据、无可论证的事物，[1] 我们就求助于良知来作证。

然而，虽然怀疑论者对我思具有良知，但却并不知道思维的原因，或者说思维何以生成；而现在，他

们更要承认他们的无知了，因为在我们的基督教中，

我们认为人类精神是绝无任何形体的东西。那荆棘满布之处就在于，我们当代最缜密的形而上学家们，当他们去追问人的心灵如何作用于肉体、肉体又是如何作用于心灵这个问题时，他们就开始相互抨击，因为接触和被接触都是肉体与肉体之间的，不可能脱离肉体而发生。由于这种种困难，他们被迫逃避到上帝的隐秘法则（occultam Dei legem）中去，就像诉诸机械（tanquam ad machinam）一样，即神经受到外部物体推动时，便开始激发心灵；而当心灵想要有所行动时，就开始驱动神经。由此他们就

想象，人的心灵就像一只蜘蛛，正如蜘蛛居于蛛网的中央一样，心灵就居于松果体（conario）中。只要蛛网的任意一根线有所动静，蜘蛛就感觉到；不

---

[1] 证据（signum）和论证（argumentum）：英译者认为，这两者指的是具有真知识的人所持有的属和形式。中译者以为，前者指的是在生活世界中标志着某种确定性的各种具体事物，其本身的主要含义就是标志；后者指的是能够通过理性论证和推理得来的各种结论。要求良知来作证的东西必然都在此两者之外。——中译者注

过，由于蛛网是静止的，只要蜘蛛察觉到有侵扰，它就会触动蛛网上所有的线。他们之所以想起这条隐秘法则，正是因为他们并不知道思维生成的方式（genus）。所以怀疑论者将仍然坚持说，他们并不拥有关于思维的知识。但独断论者会反驳说，怀疑论者是从思之良知（conscientia cogitandi）而获得关于存在者的知识的，因为是从思之良知，才诞生出存在者的无可动摇的确定性。但谁都不能完全肯定他的存在，除非他从无可置疑的基础做成（conficiat）自己的存在。[1] 因此，怀疑论者也不能确定自身的存在，因为他不能从一个无可置疑的基础上获致（colligit）他的存在。据此，怀疑论者将否认下述命题的真实性，即关于存在者的知识是从思之良知获得的。因为他们坚持，知识就是知晓事物生成的原因。至于思维的我，无非是心灵和肉体。如果思维是我存在的原因，那么思维也就是肉体的原因。但是，还存在这样一些肉体，它们根本就不思维。更进一步，因为我是由肉体和心灵构成的，并且正是由于它们，我才思维；也就是说，肉体和心灵的统一才是我思维的原因。因为如果我仅仅是肉体，那我就不会思维了；如果我仅仅是心灵，那就只能理解（intelligere）。的确，思维并非是我心灵的原因，而是标志（signum）；[2] 当然，标志（techmerium）并不是原因。因为明智的怀疑论者不会否认标志的确实性，但的确会否认原因的确实性。

对存在者的知识是否生自思之良知

对怀疑论者来说何谓知识

[1] 维柯在这里将 conficio（做成）和 conscientia（良知）对应，将 facio（做，创造）和 scientia（知识）对应。——英译本注

[2] 这就证明了我们上述关于 signum 的理解，在那里我们将 signum 译作"证据"，证据就是一种标志，但绝非一种有关原因的明证。——中译者注

第三节　反对怀疑论者

除了真实之标准就是做成它本身，不存在使怀疑论真正被消灭的第二条道路。因为他们承认事物对他们显现了，但至于事物实际上是什么，却是不可知的；他们承认结果，并因此而赞同结果必然有其原因，但却否认对原因的知识，因为不可能知道事物生成变易的属或形式。现在你可以用他们接受的东西来反驳他们。在这种对原因的把握中，就包括了一切属，或者说一切形式，一切结果就是从这些形式中给出的。怀疑论者承认，这些结果的摹像就呈现在他们的心灵之内，但至于它们本身实际上是什么，则是不可知的。实际上这种对原因的把握就是第一真实，因为它把握一切［原因］，甚至任何最终的［原因］也涵盖在其中。又因为它把握一切，所以是无限的，因为没有任何一个被排除在外。又因为它把握一切，故而也就先于形体，并且就是形体的原因，因此它又是精神的（spiritale）。这就是上帝，并且就是基督教所信仰的上帝。所以，我们必须根据神的真实之标准，来衡量人的真实。这就是说，人的真实就是这样的真实，即真实之元素由我们自己、并为我们自己而创造，且包含在我们之内，然后我们根据假设，将其延伸至无限；并且在我们结合真实之元素的同时，我们就创造了我们在结合的过程中知晓的真实；通过上述这一切，我们也就把握了我们借以创造真实的属或形式。

上帝就是对一切原因的把握（comprehensio）[1]
神的知识是人的知识的准则

---

［1］把握（comprehensio）：动词形式即 comprehendere（把握，理解）。由于来自 com-prehendo，需注意"统一"这层含义。——中译者注

第二章　论属或观念

拉丁人谈论 *genus*（属）时意指形式（forma），至于 *species*（种）他们觉得有两个意思：一个是经院哲学家所说的个体（*individuum*），另外一个就是摹像（simulacrum），或者意大利语中的现象（*apparenza*）。[1] 关于属，一切哲学派别都认为它们是无限的。故而，必然要认为，古代意大利哲学家们相信属就是无限的形式，但却并不是外延（amplitudine）方面的无限，而是完美方面的无限；并且，由于属是无限的，所以它们存在于唯一的上帝中。而种，或者说特殊事物，只是依照那些形式而表达的摹像。[2] 那么，如果对古代意大利哲学家来说，真实与创造的确是同一的，那么毫无疑问，事物的属就绝不是经院哲学家所讲的共相，而只能是形式。关于形式，我指的是形而上学的形式，这与物理学的形式是不同的，犹如塑像的形式和种子的形式之不同。

genus 与 forma 在拉丁语中同义

species 同时意味着个体和摹像

属何以是无限的

形而上学的形式犹如塑像的形式，物理学的形式犹如种子的形式

---

[1] 这里维柯将亚里士多德的属还原为柏拉图的形式，将亚里士多德的种还原为个体。维柯按照自己的意愿，通过将普遍还原为柏拉图的个别的方式，来解决普遍性这个问题。——英译本注

[2] 用个别的一般观念来代替抽象的一般观念，这种做法不能说完全不受奥古斯丁和马勒布朗士的影响，而且这也是贝克莱区别于洛克的最引人注意的特点之一。可以将维柯这里所说的话，和贝克莱在《人类知识原理》的导言中所说的话作一对比："现在，如果我们要把一个意义附给我们的语词，并且仅仅谈论我们所能想到的东西，我相信我们应该承认，一个就其自身而言是特殊的观念，可以通过使它表现和代表所有其他的同类的特殊观念，从而成为一般观念。"［贝克莱，《人类知识原理》导言，见《贝克莱著作集》（*A Treatise Concerning the Principles of Human Knowledge*，in *The Works of G. Berkeley*, ed. A.A.Luce and T.E.Jessip, London, Nelson, 1949, 2: 31）］。——英译本注

因为塑像的形式在依之而塑的时候保持不变，且总是比所塑造的作品更加完美；而种子的形式在日复一日的自我发育过程中，却会发生变易，而且日趋完善；故而可以说物理学的形式是由形而上学的形式而形成的。根据两者（utrorum）[1]的效用比较容易确定，属应该是在完美方面无限，而不是在外延方面无限。几何学由于采用综合方法，即通过形式来教授，因而无论在结果上（opere），还是在过程上（opera）都极其确定，因为它借助自己的公设，从最小一直进展到无限，从而交待了其所证明的真理所由构成的元素的结合方式；之所以几何学能交待元素结合的方式，是因为人在自身中就拥有它所要交待的元素。由于同样的原因，分析法[2]虽然能给予我们确定的结果，但是它的过程却是不确定的，因为分析法从无限来复现（repetit）事物，并由无限递降到最小；在无限中你当然可以发现（reperire）

物理学形式由形而上学的形式而形成

形式的效用

为何通过形式，几何学既在结果上又在过程上都是最确定的

为何同一门知识，通过种[3]在结果上确定，然而在过程上却不确定

---

[1] 英译者认为，这里的两者指的是 genera（属）和 universalia（普遍），因为 utrorum（两者）所指的要么是中性，要么是阳性，而其他可能的组合都是阴性。中译者认为，其实这里谈的就是物理学的形式和形而上学的形式，因为 forma（形式，阴性）就是 genus（属，中性），utrorum（两者）指的是物理学的属和形而上学的属，所以 utrorum 取 genus 的中性而不是 forma 的阴性。——中译者注

[2] 据巴蒂斯蒂尼，这里的分析法指的实际上是笛卡尔的代数方法。参见巴蒂斯蒂尼编《维柯著作选》（Opere，a cura di Andrea Battistini，Arnoldo Mondadori，1999，第 120 页注释 1）。——中译者注

[3] 种（species）：据巴蒂斯蒂尼，在维柯时代，种就意味着数目，几何学通过种来求解就是通过代数来求解。这里针对的是笛卡尔的分析几何。参见巴蒂斯蒂尼编《维柯著作选》（Opere，a cura di Andrea Battistini，Arnoldo Mondadori，1999，第 124 页注释 2）。——中译者注

一切，然而你可以用何种方法发现，却并未给出。[1] 那些交待了事物所由生成的属或方式的艺术，与那些并不交待事物所由生成的属或方式的推测性艺术相比，要更确实地导向其自身所设的目标。前者例如绘画、雕塑、造型、建筑等，后者例如修辞术、政治、医学等。前者之所以交待了事物生成的属或方式，是因为这些艺术遵循已经包含在人的心灵之内的事物原型（prototypos）；后者之所以不能交待，是因为人在自身内并不包含着所要推测的事物的任何形式。又由于形式是个别的——例如，一条有一定长度、宽度或厚度的线，只要多少有些改变，你就认不出它了——所以，知识和艺术在多大程度上建立在亚里士多德而不是柏拉图的种属的基础上，那么就在多大程度上混淆了形式；它们越显得宏观，也就越无用。因此之故，亚里士多德的物理学在今天名声不佳，因为太过普泛。而与此相反，热和机械作为现代物理学的工具，已经给人类提供了无数新的真理，这种物理学的特点就是要创造与

（右侧旁注）

为何观念艺术[2]能确实地达到其目标

为何推测性知识不能这样

亚里士多德的属概念的无用

为何知识越一般就越无用

实验物理学的优点

---

[1]（笛卡尔的）分析几何学假定整体，对其不加询问便开始进行划分。（欧几里得的）综合几何学则联结和构造形象，因而只有它才能满足真实与创造相互转化这个科学标准的条件。——英译本注

[2] 观念艺术（artes ideales）：意译本译作 arti figurative（形象艺术，包括绘画、雕刻、刻印等），英译本译作 the fine arts（美术，尤指绘画和雕刻）。这两种译法在内容上是正确的，但没有反映出形象艺术和观念之间的源始关联。idea 一词源于希腊语 idéa（外表，形象，形式，特征，种属等），该词又源于动词 ideîn（希腊语动词"看"的弱过去时形式，意思是"看过了，看到了"这种绝对状态，但并不强调时间的过去性或者延续），因而 idea 也就是看到的或者观到的意念、意象，以及"看到了"这种绝对状态。可见一切后来的所谓理念实际上都来源于这种"观念"，都离不开心灵的"观"这个基本行为，观念先是看到的形象，然后成为绝对的形式，再到所谓的种属，以及后来引申出来、附加上去和创造出来的各种含义。所谓的"观念艺术"，也是在这种观念的源始含义之下出现的，所以这里选择这一译名。但读者应该理解，这里实际上指的是各类形象艺术。——中译者注

考察律师不重通则而重抗辩

自然的特殊作品相类似的事物。在法学中，人们并不尊重这样的人，即他仅仅通过博闻强记，从而掌握了实在法（ius theticum）或一般法规总汇，而是尊重那些人，他们凭借着敏锐的判断，能在诸多案件中看到各种因素的最终情况（peristases）或细节（circumstantias），因为那些情况适合援用公平原则或者例外原则，通过这两种原则来规避一般法律。

最好的演说家切近原因的特殊方面

最好的演说家也不是那些游移在老生常谈（locos communes）之间的人，而是那些——照西塞罗的判断和表述——"切近事情的特殊情况"（*haerent in propriis*）的人。[1] 有所贡献的历史学家并不是去比

哪类历史学家有用？

较粗略地叙述历史事实及其一般原因，而是去追究

好的模仿者善于优化细节

事件的最终细节，揭示其中那些特殊原因。在由模仿构成的各门艺术中，例如绘画、雕刻、造型、诗歌等，优秀艺术家们的原型（archetypum）常取材于寻常的自然，但他们却用非同寻常的、新颖而令人惊叹的细节（circumstantiis）将其烘托出来；或者即使这个原型已为其他艺术家所表现，他们也要用更好的独有的细节与之相区别，将其打造成自家的东西。而这些原型之所以能构造得一个比一个更好，是因为范本（exemplaria）总会超越范例

柏拉图主义者的观念阶梯的来源

（exemplis）；于是柏拉图主义者就构建了他们的观念阶梯（idearum scalas），通过一个比一个更完善的各种观念，犹如踩着阶梯一样，最后上升到至大至善的上帝，而上帝在自身中就包含了所有那些最完美的观念。进而，所谓智慧（sapientia）本身不是别

智慧并不在于处理包含在属之中的那些对象

的，无非是恰当适度的能力（solertia decori）[2]。智

---

[1] 这句话并不是西塞罗说的。——英译本注

[2] 恰当适度的能力（solertia decori）：指一言一行都恰当适度，正如下文所描述的那样。solertia 意思是聪睿、准确、灵敏等能力，decorum 意思是恰当、合适、适度。——中译者注

者就是凭借着这种智慧，在任何新事物和新情境中都能言行自如，并且无论如何都再恰当不过。智者还由于长期并大量浸淫于高尚和有益的事物，从而使其心灵得到良好的训练，这样他就能获取新事物的清晰意念，就像从事物本身当中取出一样；他在任何时候都能适时而言，在任何事情上都能处事以尊，并且像强者一样，在任何意外恐怖面前都有着好整以暇的精神。但在那些普遍的属中并不能预见到任何新颖奇特或出人意料的事物。因此之故，如果把心灵理解为通过属而在某种意义上变得并无定形，从而更易于采取种的各种形式的话，那么经院哲学家的这个说法就是极为恰当的，即属就是形而上学的质料。具有属或关于事物的纯粹观念的人，比心中只有个别形式，并以之来看待其他个别事物的人来说，要更易于把握事情和问题，而且也应该这样来把握：这的确已经被证实为真，因为已定形的东西很难与其他定形的东西相适应。因此，根据事例就作判断，根据事例就作决定是很危险的，因为事物的细节情况绝不或很少在一切方面都相一致。这也就是物理学质料和形而上学质料的区别（dissert, differt）所在。从物理学质料中，无论抽取何种特殊形式，抽取的都是最好的形式，因为它是在一切形式当中按照那唯一的方式来抽取的。形而上学的质料则不同，因为一切特殊形式都是不完美的，而只有在属或观念自身中，才包含最好的形式。我们已经看到了诸形式的用处，现在来考察一下共相（universalium）的弊端。用普泛（universalibus）的词语讲话，要么就是儿童，要么就是野蛮人的特点。在法学中，根据实在法本身，或者根据法规的

属何以是形而上学的质料

物理学质料和形而上学质料的显著区别

共相的弊端

在法学中

权威而经常犯错误的，比比皆是。在医学中，谁如果径直依据医学理论而行医，那么他就会更关心避免破坏其体系，而不是治愈病人。在生活实践中，那些按照理论来安排生活的人，难道犯错还少吗？关于这种人，希腊语中有一个词已变成了我们的方言，我们称这种人为 *thematicus*（空论家）。哲学中一切错误均源于同义语（homonymis），或者如通常所说的多义语（aequirocis）。多义语不是别的，就是同一个词意指多种事物。如果没有属的话，多义语也就不会存在，因为人天然是厌恶异物同名的。下面这件事就给我们提供了这方面的证据：一个男孩被吩咐去叫提蒂乌斯（Titium），但却未加区分，而提蒂乌斯有两个，但人的本性是倾向于个别之物的，所以他就要确定，"你要我叫这两个提蒂乌斯中的哪一个？"所以我不知道，属让哲学家犯的错误，比起感觉使常人陷入错误的信念或者说偏见，是否有过之而无不及。因为正如我们所说，属混淆了形式，或照一般所说，属混淆了观念，在这方面，甚至不亚于偏见对观念的遮蔽。实际上，哲学、医学和法学中的派别之争，以及生活实践中的一切矛盾和争端，都是由属引起的。因为属引起异物同名或者一语多义这种现象，而人们说这种现象是由于某种错误（ab errore）导致的。在物理学中，是因为"物质"与"形式"都是普遍名称；在法学中，是因为"正义"（justi）这个名称的含义深远宽广；在医学中，则是因为"健康"（sanum）和"衰败"（corruptum）这两个用语实在太宽泛；而在生活实践中，"有用"（utile）这个词甚至还没有定义。拉丁语中的下述迹象表明，古代意大利哲学家们就是

在医学中

在生活实践中

一切错误均由属带来的异物同名而引起

人天然厌恶异物同名

属使哲学家犯错误是否更甚于感觉使常人陷入偏见

certum 在拉丁人那里的意义

27

这样认为的：因为 certum（确定）这个词在拉丁语中有两个意义，一个是明确的、无疑的，另一个是特定的（peculiare），而与共通（communi）相对；这几乎就是说，特定的就是确定的，而共通的则是含混的。同样对他们来说，拉丁语中 verum（真实）与 aequum（公正）相同，[1] 因为公正要一直考察到事物最后的情况，而正确（iustum）则仅仅在于属本身；这几乎是说，由属（genere）构成之物是虚假的，而事物最终的种（species）则是真实的。因为实际上，属只是在名称上无限，但人却既非虚无，又非无限。故而，人如果不通过否定某物，就不能思考虚无；同样，如果不通过否定有限，他也就不能思考无限。三角形内角之和等于两个直角。的确如此，但对我来说，这并不是无限真理；这只是因为，在我的心灵之中，已刻有三角形的形式，并且我知道这种形式的性质，而且对我来说，它就是其他三角形的原型。如果有人真要将它理解为无限的属，因为有无数的三角形与这个三角形原型相应，那么他们这种看法我也不反对。因为只要他们实际上感知到的内容与我相同，那么我也会很乐意不再坚持这个词汇[2]。但如果哪个人因为十尺量杆可以作为标准来量度所有广延，就说十尺量杆是无限的，那就说不通了。

> verum 与 aequum 对于拉丁人来说是同义词

> 因为人既非虚无又非万有，所以他也就既不是一无所知，也不能知觉无限

> 共相的道理在于原型

---

[1] 参见《新科学》1744 年版，第 323 节："有理智的人把诉讼案件中的公平（uguale）利益所要求的一切看作是法（diritto）。"意大利语把 ius 这个词译为 diritto（法，权利），相应地，lex（法律，法规）译为 legge。ius 这个词本身就含有正确的（iustus）也就是真的（verum）含义，现代意大利语中的 giusto（正确的，真正的）与 ius 就有着直接的联系。因而法就是正确的、真的，也是公正的。——中译者注

[2] 这个词汇应指上文的无限的属（infinitum genus），作为名词即 genus（属，类），但却侧重于讨论它的 infinitum（无限的）性质。——中译者注

28

第三章　论原因

　　拉丁语中混用 *caussa*（原因）与 *negocium*（事因）[1] 或者 operatio（操作，运作）；从原因中诞生出来的东西则被称为 *effectus*（结果）[2]。这看来与我们关于真实与创造的讨论遥相呼应。因为既然真实就是创造，那么通过原因来求证，就是做出结果（efficere）；同样，caussa（原因）也将和 negocium（事因）相同，也就是 operatio（操作，运作）；最后，真实与创造相同，也就是说与结果（effectus）相同。[3] 而在自然范围内的主要原因考

---

[1] caussa（原因）：即 causa，意思是原因、动因，引申为过程、事情、案件等，词源不详。negocium（事因）：即 negotium，由 nec（不、非）与 otium（闲暇，空闲）构成，也就是处于活动、繁忙、运作之中，因而它的主要含义就是繁忙、辛劳、事因、原因、动机等。两者在一般含义中确实比较相似，此外，在法律用语的含义上也是相似的，指的都是法庭诉讼，可能是因为在诉讼中因和事是混同的。但是 caussa 的基本含义是因，而后才是事；negocium 则首先是事，而后才是因。在这里维柯有意混同两者之间的区别，强调两者的相似性，并且将这种相似性普遍化。在他的两个答复中，他引用了喜剧作家泰伦斯（Terence）与普劳图斯的作品作为证据，来说明它们不仅在法学用语上存在着一致性，而且在日常语言中也存在着一致性。——中译者注

[2] effectus（结果）：源自 efficere，efficere 又源自 ex-ficere，意思是做成或制成，做出或制出，以及变成或变出。——中译者注

[3] 维柯在这里仅用寥寥几句点出这几个词在词源学上的联系，以试图解决一个哲学基本问题。所谓原因（caussa）与事因（negocium）相同，即不仅原因本身可以用作事因，原因本身就有事因的含义，而且在用法上与事因是可以互换的。原因又与操作、运作（operatio）相同，并且是产生结果（effectum）的活动，或产生结果的事因。从这里可以看出，原因并不是抽象的、不动的，而是运动着的，而且它本身就是活动，就是创造，从中产生出它自身的结果来。这一点从做出（efficere）这个词可以看得更清楚，结果是原因做出其自身的结果，也就是原因之创造（factum）。从这里再来理解真实与创造同一，那么真实不仅是创造，而且是由作为事因的原因（转下页）

察的是质料与形式，在伦理范围内是目的，在形而上学中则是本原（author）[1]。由此可以得到一个真似（verisimilis）[2] 的结论，即古代意大利哲学家相信，通过原因求证，也就是对质料或事物的元素进行整理，让无序的变得有秩序，把分散的结合为一；在事物元素的秩序与结合中，就产生了事物的确定形式。正是事物的这种形式给予质料以特殊本性。[3] 若这些论断果然不错，那么算术和几何，尽管通常并不认为它们是根据原因来求证的，但它们的确是根据原因而明证（demonstrare）[4] 的。它们之所以能根据原因而明证，是因为人类心灵自身就含有真理的元素，并且能对它们进行整理与结合，而所要明证的真理就在于这种分合安排[5] 中。故明证本身就

从原因求证就是采集事物之元素

算术与几何的确是从原因求证的

（接上页）自身通过创造成就结果的整个过程和循环，所谓的真实与结果相同也应该在这个意义上来理解；同样，事因作为原因并通过原因而成就结果，这本身就是真的，因为其中的因素和方式都在这个过程和循环中得以确定。——中译者注

[1] 本原（author）：源自动词 augere，取其生长、生产、生育之意，因而意为生之者，即起源、源头、本原等；同时在通俗用法中意为作者、创造者等；还可以联系到另外一个词 authoritas（权威，正当，合法），仿佛生之者、起源或创造者就是权威，就是法律。这个词应该与其他的词源学含义联系起来考虑。——中译者注

[2] 真似的（verisimilis）：意为像真的、类似于真的，这个概念成为维柯后来的形而上学的一个关键概念，也是反对笛卡尔主义的主要武器。一般都译作真似的、真似之物等。——中译者注

[3] 这里较为详细地解释了上面"通过原因来求证，就是做出结果"这句话的含义。读者宜通盘考虑这里的所有语词的各种语源学含义，而其线索也就是真实与创造的关系。——中译者注

[4] 明证（demonstrare）：即 de-monstrare，monstrare 本意为显示、使人看、指引，后引申为论证。de- 这里应该理解为析出、抽出、结论、总结等。demonstratio 是其名词形式。——中译者注

[5] 分合安排：维柯在这里用的是 dispositis 和 compositis，两者都有安排整理、给予事物秩序的意思，因而引申为构造、创建等，但考虑到 dispositis 是由 dis-porre、compositis 是由 com-porre 而来，前者有分解而后者有结合之意，故而译作分合安排。前一句的"整理与结合"维柯用的是两个动词：digerere（安排，整理）和 componere，前者同 disporre 一样具有分解的意味，与后者相对。——中译者注

是运作，真实与创造同一。由于同样的原因，我们不能根据原因来求证物理学真理，因为自然事物的元素在我们之外。因为，尽管自然事物是有限的，但对它们进行分合安排，并从这种分合安排中给出效果，却是无限德性的任务。因为如果我们根据第一原因来考察的话，那么产生一只蚂蚁所需要的德性，并不比创造整个宇宙所需要的德性要小；因为形成一只蚂蚁的运动，并不亚于世界诞生的运动，在这个运动中，世界从无中产生出来，同样，蚂蚁从基本的质料制造出来。的确，我们基督教的一些哲人们，即那些以其对最高神的认识和道德的神圣性而著称的人，他们在其禁欲主义的论述中，往往仅从对一朵小花的沉思，就达到了对上帝的认识；因为他们在小花的诞生中，就已发现了上帝的无限德性。[1] 这也就是在我的《论我们时代的研究方法》中所说的："我们能明证几何学真理，因为我们创造了它们；而如果说我们能够明证物理学真理，那就是我们曾创造了它们。"[2] 因此，谁如果要先在地（a priori）求证至大至善的上帝，那么他就犯了猎奇渎神之罪。因为这就等于是他让自己成了上帝的上帝，并且否定了他所寻找的上帝。形而上学真理的清晰性犹如光的清晰性，没有黑暗，我们就不能认识光明。比如说，有光线透过花格窗射进房间里，如果你长时间地集中精神注意着花格窗，然后再将视线

(左栏旁注)

物理学不是从原因求证

任何有限之物均由无限德性产生

基督教哲人在任何最小的事物中都发现上帝的德性

通过原因来求证上帝是不敬的

形而上学真理的清晰性就如光的清晰性

其中道理的最恰当比喻

---

[1] 圣·弗朗西斯（Sanctius Franciscus）的"兄弟宋之歌"（*Song of Brother Sun*）就可以被看作是通过上帝的创造物中最卑微的东西而发现他的神秘途径的一个例子。参见《圣·弗朗西斯之花》（*I fioretti di San Francesco*, ed. Adolfo Padovan, Milan, Ulrico Hoepli, 1915, 第236—237 页）。——英译本注

[2] 参见维柯，《论我们时代的研究方法》，第四章。——中译者注

转向一个完全黑暗的物体，那么你看到的仿佛不是光，而是发光的窗格。形而上学真理就类似于此，它清晰透明，既不包含在任何界限之内，也不能用任何形式加以区分；因为它就是一切形式的无限的原则。而物理学之物却是晦暗的，或者说是定形的和有限的，我们正是在这种晦暗之中，看到了形而上学真理的光芒。

第四章　论本质或德性

essentia 在拉丁语中即 *vis* 或 *potestas*

经院哲学家所谓 *essentia*（本质）者，拉丁人称为 *vis*（力，力量）或 *potestas*（权能，潜能）。而一切哲学家都把本质确定为永恒的和不变的。亚里士多德明确肯定本质是不可分的，或者如经院哲学家所说，本质是由不可分者构成的。而继毕达哥拉

知识就是关于永恒不变者的知识

斯之后，柏拉图认为，知识就是关于永恒不变之物的知识。由此可以合理地推断，古代意大利哲学家们曾认为，不可分的本质就是一切事物的永恒无限的德性（virtus）[1]。关于这些德性，拉丁人俗称为"不朽之神"（*dii immortales*）。而后，智者们实际上

拉丁语中"不朽之神"就是一切事物的无限德性
为何形而上学是一切知识中最真实的知识

把它们统统归于那唯一的最高神。正是出于这个原因，他们才把形而上学看作是唯一的真正知识，因为形而上学处理的是无限的德性。由此人们也可以怀疑，既然接受了运动以及作为运动德性的动力（conatus），那么是否也相应接受了广延以及广延的德性；同样，正如物体与运动是物理学的特有对象，那么是否动力与广延的德性相应地就是形而上学的特有质料。关于这些观点，我尊崇您——卓越的保罗先生——为它们的首创人，因为您已经认识到，

---

[1]　德性（virtus）：近现代人一般把这个概念看作是伦理道德意义上的德性，然而实际上，在古代乃至维柯时代，这个词的含义具有两重性，既指德性，又指能力。从词源上来看，virtus 本身和 vis（能力）词根相同，拉丁语中的 vir（男人，丈夫，大人）也具有相同的词根。在本书中，维柯主要用的是 virtus 的能力这个命意。因此，英译本就将这个词译作 power。但是，译作 power 的明显缺陷就是，我们很难看出这个词的传承关系和语境关联。——中译者注

物理学处理活动（actus），而形而上学处理德性。[1]

第一节　论形而上学的点和动力

　　的确如此，拉丁语中 *punctum*（点）与 *momentum*（时间，时刻）[2] 有相同的含义：而 momentum 就是运动之物，并且无论 punctum 还是 momentum，在拉丁人那里都被说成是不可分之物。那么是否可以说，古代意大利的智者们在其论述中认为，存在着某种属于广延和运动的不可分的德性？并且，这个学说是否也像其他很多学说一样，自意大利漂洋过海传到希腊，然后由芝诺[3] 作了修补改善？确实，在广延和运动的不可分的德性[4] 这个问题上，在我看来没有谁比斯多亚学派看得更为正确了，他们是

momentum 与 *punctum* 对拉丁人来说是同义词

何以两者均不可分

关于形而上学的点的学说应归功于意大利

---

[1]　这不应该仅仅被看作是一种尊敬的表示，而且也应该看作是对多利亚对维柯形而上学的影响的一种坦诚的承认。参见拉赫特曼的《维柯，多利亚和综合几何学》[David Lachterman, "Vico, Doria and Synthetic Geometry", *Bollettino del Centro di Studi Vichiani*, 10（1980），第22—35页]。——英译本注

[2]　momentum（时间，时刻）：源自动词 moveo，意为运动、移动，引申为变易、时刻、时间等。——中译者注

[3]　学界公认维柯在这里犯了一个错误，当然这在他那个时代是非常普遍的，即他混淆了埃利亚的芝诺（约前490—约前430，古希腊哲学家，埃利亚学派代表人物，辩证法的创建者）和季蒂昂的芝诺（约前336—约前264，古希腊哲学家，斯多亚学派创建者和代表人物）。维柯结合了埃利亚学派的原则和斯多亚学派的元素，从而创造了一个伪芝诺，使之成为他的形而上学的先驱，并且让他通过形而上学的不可分割的点的假设阐释了一的倍增的起源。整个讨论的权威事实上被缩减到最小了，因为正如后来维柯所承认的，这里的形而上学的点的唯一的真正权威就是他自己。（参见第二答复的第三部分。——中译者注）——英译本注

[4]　维柯这里对斯多亚学派的引证是正确的，因为他们坚持一种泛神论的、唯物主义的物理学，并且承认一种与质料实体不仅不可分割，而且与之共生共存的德性或动力的存在。正是德性引起了宇宙的涨退起落。维柯就是从斯多亚学派，特别是从芝诺那里接受了这种运动观的。——英译本注

几何学和算术在真实的程度上仅次于形而上学

形而上学是一切真理的源泉

真理通过何种途径从形而上学下降到几何学

广延德性先于广延，因而是非广延的

数的德性并非数

为何点的定义是名称定义

通过形而上学的点这个假设来讨论的。首先，毫无疑问，几何，同样还有算术，它们超越于一切其他知识之上，那些知识都被称为次下的（*subalternas*）知识；这两种知识或者可以说是最真实的知识，或者至少可以肯定地说，它们具有真理的最高形象。另一方面，下面这个判断却是绝对真理，即形而上学是一切真理的源泉，并且由此下降到一切其他知识中。谁都知道，几何学是从点开始运用它的综合方法的，继而又通过它自己的诸多假设，进展到对无限之物的沉思，以便使它可以合法地把直线延伸至无限。因此如果谁要问，这种真理或者真理的种差（species），是通过何种途径从形而上学下降到几何学中的，那么这条途径不是别的，就是通过对点的危险把握[1]而实现的。因为几何学从形而上学借取了广延的德性，而作为广延的德性，那也就先于广延而存在，从而自身就是非广延的。以同样方式，算术从形而上学借取了数的德性，也就是一。一既然是数的德性，那么它本身就不是数，也就是说，一并不是数，但却产生数。点也一样，点并非广延，但却产生广延。

既然几何学规定，点并不包含任何部分，那么它就只是名称定义；因为实际上并不存在任何没有部分的事物，这种事物竟然还可以让你用心灵或笔来标画。[2]算术中一的定义同样只是名称定义，因

---

[1] 对点的危险把握：拉丁文原文为 malignum aditum puncti，直译即对点的危险（恶意）接近，意思比较晦涩。意译本译作 insidioso passaggio dal punto（由点而来的危险通道），英译本译作 the perilous gateway of the point（点的危险通路）。——中译者注

[2] 参见欧几里得，《几何原本》(*Euclid's Elements*, trans. Thomas L.Heath, New York, Dover, 1956, Book 1, def.1, 第153页)。——英译本注

为一事先被规定为可以倍增，然而倍增的一实际上并不是一。芝诺学派认为这个点的定义是现实的，只要点是类似于人类心灵关于广延和运动的不可分的德性所能思考的东西。故而下面这种通俗的观点就是错误的，即人们认为几何学对象是由物质纯化而来的，或者如经院哲学家所讲，由物质抽象而来。因为芝诺学派相信，没有任何知识能比几何学更准确地处理质料，实际上，就是形而上学所提供给它的纯粹质料，也就是广延的德性。在形而上学的点这个问题上，亚里士多德[1]对芝诺学派的反驳论证在其追随者那里是不会有什么重要权威的，如果不是在斯多亚学派那里，几何学的点标志着并类似于形而上学的点，形而上学的点就是自然物体的德性的话。毕达哥拉斯及其追随者们（其中蒂迈欧通过柏拉图而为我们所知）用数目来阐明自然事物，但都不能断定自然真的由数目构成。他们想要做的，只是通过身内的内在世界来解释身外的外在世界。[2]对芝诺及其学派也应该下同样的判断，即他们认为点就是事物的原则。根据我们掌握的所有情况，可以把哲学家们分为四种类别。第一类例如毕达哥拉斯，他们在几何学上无比卓越，通过数学假设来阐

> 几何学处理的是形而上学提供给它的纯粹质料

> 几何学的点类似于形而上学的点；形而上学的点是物理形体的德性

> 关于毕达哥拉斯的物理学

> 关于芝诺的物理学

> 四种哲学派别
> 第一类

---

[1] 关于亚里士多德对芝诺悖论所作的反驳，可参见亚里士多德《物理学》[Physics, VI, 9, 239 b11（二分法悖论）; VI, 9, 239 b16（阿喀琉斯悖论）; VI, 239 b5—7（飞矢不动悖论）; VI, 9, b33—240 a18（运动场悖论）]。——英译本注

[2] 维柯依靠对《蒂迈欧篇》的新柏拉图主义的解读作为毕达哥拉斯学说的文本依据。因而此处对于概念的、超感官的数目的解读既蕴含着柏拉图，同样也蕴含着奥古斯丁的意蕴。——英译本注

释物理学原则。第二类例如亚里士多德，对几何学非常娴熟，同时又精通形而上学，他们不通过假设就直接思索万物的原则，并且因此用形而上学的属来谈论自然事物。第三类例如伊壁鸠鲁，既对几何学无知，又敌视形而上学，他们构想出一种简单的广延物体，并把它当作质料来安排运用；[1]尽管在对万物原则的解释上，他们从一开始就遭到了沉重的失败，但在关于特殊的自然现象这方面，他们的思考却成就斐然。最后是这些哲学家，他们把某种物体看作是万物的原则，问题只是多少物体和哪种物体。例如在古代，是那些提出土、水、气、火等元素［的哲学家］，这些元素或单一、或两两联结、或整体作为万事万物的起源；在现代理论中则是那些化学家们。[2]但他们在事物的原则这方面，却几乎没有任何较有价值的论述；用他们的原则来解释特殊事物的自然本性，只是在少数地方有所成功——但这也更多地是试探，而不是思想的结果。伟大的形而上学家芝诺，他采取了几何学的假设，正如毕达哥拉斯用数一样，他通过点来思考万事万物的原则。无论在形而上学上，还是在几何学上都同样伟大的笛卡尔，近于伊壁鸠鲁。正如伊壁鸠鲁在虚空和原子倾斜问题上陷入困境一样，他在说明运动和元素在处处充实的空间中如何结合成形的原则时，

第二类

第三类

第四类

芝诺属何种派别

笛卡尔属何种派别

---

[1] 这里指的是伊壁鸠鲁的原子论。——英译本注

[2] 很可能意指维柯所在的研究者学会中的某些成员。关于学会历史的详细讨论，参见费希，《研究者学会》（Max H.Fisch, "The Academy of the Investigators", in *Science, Medicine, and History: Essays on the Evolution of Scientific Thought and Medical Practice Written in Honour of Charles Singer*, ed. E.Ashworth Underwood, 2 vols., London, Oxford University Press, 1953）。——英译本注

也陷入泥潭，但却由于其对特定事物的富有成效的发现和解释而得到了补偿。那么其中的道理是否就在于，两者都是用形状与机械来研究自然事物的？特定的自然结果是已形成的和运动的；然而在原则和德性问题上，因为没有形式，所以就不存在任何形状，因为没有限定[1]，所以就不存在任何机械？但迄今所说，还仅限于对芝诺的学说作一阐明，并肯定他的权威。[2]现在就我们的正题展开论述。亚里士多德用几何学证明让我们相信，无论任何广延的事物，也无论多小的微粒，都可以无限分割。[3]然而芝诺却对这些证明毫无所动，而且他认为，同样的证明相反却肯定了他的形而上学的点。[4]因为事物的物理德性应该在

为何伊壁鸠鲁和笛卡尔失败于对物理学原则的探讨，却仍然硕果累累

亚里士多德的论证是有利于芝诺的理论，还是相反

上帝集一切完善于其身

---

[1] 没有限定（indefinitis）：与此相似的一个词是 infinitus，这个词的意思是无限的、无边无际的。但 indefinitus 的主要意则是没有定义的、没有限定的、不定的。译者一般根据情况将 infinitus 译作无限、无限的，无限之等等，将 indefinitus 译作不定的、没有限定的、无限定的，不定之物、没有限定之物、无限定之物等。——中译者注

[2] 维柯是在模仿亚里士多德的方法。他之前所有的自然主义者都是含糊不清的宇宙论者。他们达不到芝诺式的用形而上学的点的形而上学原理对几何学的点的综合。——英译本注

[3] 指的是亚里士多德主张的无限不定之物仅仅在"潜能"的意义上存在，而不是在"现实"的意义上存在。"存在或者是潜能的存在，或者是现实的存在，通过增加或分割的方式都可以得到无限之物。现在，正如我们所已经解释的，大小永远不可能是现实地无限的，但之所以说它无限，是通过分割得出的结论，因为拒斥不可分割的线的理论不是很难；剩下的选择就只能是，无限的存在是潜能意义上的无限。"（《物理学》，III, 6, 206a, 13—19）（根据英文转译）因而亚里士多德是在最小这个方向上承认无限的，也就是说在无限的可分性上承认的。他相信他已经解决了芝诺的量具有无限可分性产生的悖论，只要区分潜能上的可分性和现实的可分性，并且坚持尽量在潜能的意义而不是在现实的意义上可以分割到无限，但它的本质和现实却是连续性。见《物理学》263 a23—263 b3。——英译本注

[4] 根据维柯这里所说，很难说维柯没有混淆两个芝诺。按照维柯这里的说法，芝诺运用亚里士多德的广延德性这个概念来构建他的形而上学的点。但是，既然柏拉图的《巴门尼德篇》中的芝诺"大约四十岁"，而苏格拉底尚还年轻，那么我们至少须承认维柯混淆了埃利亚学派的年代。——英译本注

形而上学中被给予，要不然，上帝怎么能集一切完美于一身？广延当然存在于自然之中，但在上帝之内谈论什么广延之物，却是渎神的。因为虽然我们可以去衡量广延，但无限却是憎恶任何量度的。的确，正如我们的神学家所说，广延的德性完全应该卓越地包含于上帝之内。从这个意义上说，动力就是运动的德性，但它在作为动力之主宰的上帝之中，却是静止的；相应地，第一质料就是广延德性，而它在作为质料之创造者的上帝之中，就是最纯粹的心灵。故而在形而上学中就存在着这样一种实体，即广延的无限定分割的德性。分割是一种物理的东西，至于事物赖以分割的德性，却是形而上学的课题。因为分割是物体的活动，至于物体以及其他事物的本质，却存在于不可分割者中，亚里士多德也必须承认这一点，他也教导过这一点。因此在我看来，亚里士多德在其他方面与芝诺相左，但在这一方面却相互一致。因为一个讲的是活动，而另一个讲的是德性。[1] 亚里士多德坚持部分的无限分割性质，他以对角线为例来说明这一点：对角线与其侧边相交于相同的点上，两条线都是不可衡量的；但分割的并不是点，而是那个广延，因为将它标画出了。其他例子还有，比如说，同心圆在它们的每一个点上都与圆心相割，比如说，斜导向水平方向的平行线分割垂直线，但却从来不能将其完全分割，

动力在上帝之中是静止的，广延德性在上帝之中就是心灵

分割是运动，是物理的东西；而可分割性则是德性，是形而上学的本质

在其他方面亚里士多德与芝诺相左，但在这方面却相互一致

---

[1] 这是维柯理论含混不清的一个例子。对亚里士多德来说，质料或者广延在潜能上是无限可分的；对芝诺来说，德性或者实体尽管不可分，但却能产生无限的可分性。参见下文维柯第一答复第三部分。——英译本注

以及其他同类的例子，其确定性都是建立在毫无部分的点这个定义基础上的。对我们来说，这种奇迹并不是通过几何学而得以证明的，因为在几何学的定义里，点被说成是可以分割到无限的最小部分；[1] 而是说通过几何学，点才被确定为不可分割的点，并且只有经由如此定义的点，才能说明这种奇迹。因此芝诺通过这些证明，更加证实了他自己的判断，而远远不是否定。因为如同在人为自己构造的这个形式王国中——人就是这个王国的某种上帝——这个被定义的名称，这种毫无部分的虚构之物，无差别地就是不等广延的基础；与此相似，在上帝创建的真实世界里，存在着某种不可分的广延的德性，由于它是不可分的，所以也就无差别地处于一切不等广延之中。现在我们可以说，各种德性是没有限定的，由于是没有限定的，所以就不能说有许多或者有多少；也不能想象它们是较大还是较小；当然，说它们是更多或者更少，就是可笑的了。

　　然而这些明证本身不仅证明了这一点，而且同时也得出了动力，或者说作为形而上学之物的运

亚里士多德反对形而上学的点的论证出自对几何学的点的定义

芝诺却从几何学来沉思形而上学如何下降到物理学

广延的德性是不可分的；并且因此无差别地处于一切不等广延之中

动力也无差别地是一切不等运动的基础[2]

[1] 关于维柯这里错误地划归亚里士多德的前两个几何学问题的有关材料，可参见培尔的《历史与批判辞典》(Pierre Bayle, *Dictionnaire historique et critique*, 3rd ed., Rotterdam, 1720, 4, 2910)。——英译本注

[2] 这两处摘要有些难译。前一句拉丁文原文为 virtus extensionis ... iniquis extensi aequa sternitur，意译本译作"广延德性……永远自身等同地处于一切不等广延之下"，这个表述和维柯在他的两个答复中所用的表述相一致（参见第一答复第三部分，第二答复第四部分）；英译本译作："广延德性……等同地延展在不等广延之下"。后面关于运动的一句相同。中译者以为这里的 aequa 强调的与其说是某种相等关系，还不如说是一种无差别的本质，故而采用了"无差别"这个译名。下文维柯也采用 ex aequo 这个说法，译为"一律平等的"。——中译者注

动（conatum）德性，它无差别地是不同运动的基础。首先要看到，有两种说法，有说神一次就产生了某种质料，这种质料同时包括广延德性和运动德性；也有说神需要两次行动，一次创造了质料，另外一次创造了运动。很明显，一次创造说与两次创造说相比，与神的全能的无比完美的灵巧（expeditissimam Omnipotentiae facilitatem）[1] 要相称得多。好的形而上学是赞同这一点的。因为动力自身并不是"什么"，而是"什么的什么"，也就是说，它是质料的方式，在质料产生的同时必然有其方式的产生。物理学与这个观点也是相一致的：因为只要自然已经实存，或者如经院哲学家所说，自然已经生成（*in facto esse*），万物就运动起来；而在此之前，所有事物都静止于上帝中，故而可以说自然由于动力才开始存在，或者如经院哲学家也说过的，动力就是正在生成（*in fieri esse*）的自然。动力介于静止和运动之间。在自然之中事物都是有广延的，而在一切自然之前，那鄙视一切广延者，就是上帝。因此，在上帝和广延事物之间存在着一个中介事物，它是非广延的，但却具有广延能力，这就是形而上学的点。这些事物之间已经达到了最高尺度（commensu），或如人所说的比例（*proportione*）的相互对称，即一边是静止、动力和运动，另一边则是上帝、质料和广延物体。

上帝是一切事物的原动者，静止于自身；质料产生动力，广延物体运动；正如运动是物体之方式，静止也是上帝的属性；这样，动力就是形而上学的点

动力是点的属性

自然在动力中开始实存

动力介于静止和运动之间

点介于上帝与广延之间

静止是上帝的特性
质料具有能动的特性
运动是广延之物的特性

---

[1] 注意这里的 expeditissima facilitas（无比完美的灵巧）在后面被看作是 facultas（能力）的同义词。——英译本注

的性质。正如形而上学的点是广延的无限定德性，因而无差别地是一切不等广延的基础；同样，动力就是运动的无限定德性，以此无差别地展现一切不同运动。笛卡尔将其关于运动的反射和折射的一切思想都建基在这条原则上，即运动不同于其测量；由此，在同一种运动测量方式中，或者如人们所说，在量（*quantitate*）上，是允许运动的增多的。从这里可以得出结论说，曲线测定中的运动要大于直线测定中的运动。进而他揭示了下面的这个道理：因为物体的曲线运动在同一时间要承受两个原因，一个是重力因，使之垂直向下；另一个是方向因，使之曲折地趋向于水平运动。那么，当它下落在完全刚硬的平面上时，它将在同一时间给出两种原因造成的效果，其运动表现为反射角与入射角相等；而如果当它下落在可穿透的平面上时，其运动将发生折射效应，并且根据它所跌落于其上的中介物的阻力（fluxitate）大小，相应较近或较远地偏离垂直线，通过这一点，就可以描述中介物的可穿透性是否均匀一致。笛卡尔当然看到了这个真理，即同一种测量方法允许运动在量上的增加；[1] 但他却忽略了其中的道理，因为他靠近亚里士多德而反对芝诺：据我的看法，他忽略了这一点，即正如在对角线和边下面，毫无差别地有着广延的德性，同样，在平面的直线运动和曲线运动下面，也毫无差别地有着运动的德性。如果我没搞错的

笛卡尔关于运动的反射和折射的思想其道理何在

---

[1] 很难精确确定维柯用了笛卡尔的什么证据来说明笛卡尔物理学的不完备。唯一可能的就是在笛卡尔《屈光学》的第二篇谈话（*Dioptrique in Oeuvres de Descartes*，ed. Charles Adam and Paul Tannery，12 vols.，Paris，L.Cerf，1897—1910，6，第 97—98 页）里。——英译本注

最小和最大离无都同样
的远

分割是恶，善是不可分的

在形而上学中存在着事物的
非广延的属，这种属是非广
延的，却具有广延的能力
笛卡尔把分析方法引入物
理学

话，关于我们迄今为止所论述的一切问题，其中的道
理就在于，存在有点和动力，通过它们，万物才首次
从无中开始存在；而最小和最大离无都是同样的远。
因此，几何学从形而上学那里获取了自己的真理，然
后重新肯定了形而上学；这也就是仿照神的知识来塑
造人的知识，而神的知识又在人的知识中重新得到肯
定。所有这一切与现实是多么的和谐一致！时间可以
分割，但永恒性却居于不可分割之物中；如果他物不
动，就无法衡量静止；故而精神的骚动时强时弱，而
宁静却不可度量；广延可以败坏，但不朽则由不可分
割之物构成；物体允许分割，心灵却厌恶部分；机会
在于点上，而偶然则到处都是；真理是精确的，而谬
误则处处矛盾；知识不容分裂，意见却制造分歧；德
性绝不四处张扬，罪恶却声传千里；[1] 正义是唯一的，
而邪恶却不可胜数；任何事物种类中的至善者，都集
于不可分之物中。因而物理世界就是不完美之物的世
界，无限定可分之物的世界；形而上学的世界就是观
念的世界，或者至善之物的世界，也就是不可分的各
种德性的世界，各种德性的效能都是无限的。因而在
形而上学中，存在着这样一种事物的属，它并非广延
之物，但却有广延的能力。笛卡尔没有看到这一点，
因为他采用分析方法，认为质料已经产生出来，于是

---

[1] 这一句的拉丁文原文为 virtus nec ultra nec citra; vitium longe lateque
patet。后半句意思比较明确，类似于中文的"坏事传千里"。前半句
意译本译作"德性既不外也不内"，英译本译作"德性既不在这边也
不在那边"，并加上译者的理解"而是在中间"。两种译法似乎都隐
含着类似于中文里的"中庸"这层含义，既不过，也无不及。但原
文也可能表达的是德性并不张扬这个意思。原文直译可译作：德性
既不彰显在这里，也不彰显在那里；罪恶却彰显得又宽又广。——
中译者注

对之加以区分。但芝诺却看到了这一点，因为他试图从人的形式世界，来研究上帝的实在世界，前者是人通过综合方法，用点来为自己创造的世界，后者则是上帝所产生的世界。亚里士多德没看到这一点，因为他将形而上学直接引入物理学：他从形而上学的属［即共相］出发，用德性和能力来讨论物理事物。笛卡尔没看到这一点，因为他直接将物理学引入形而上学，从物理学的属出发，用运动和形式来讨论形而上学事物。两种错误均应避免。因为如果定义就是划定事物的界限，而界限也就是有形之物的极限，而一切有形之物均由质料通过运动而生成，那么它们就应该归于实存的自然。因此，用德性来定义事物是不适宜的，因为自然已经实存，并且给予了我们一切活动；同样，在自然实存和事物形成之前，用活动来描述事物也是不恰当的。形而上学超越物理学，因为它处理的是各种德性和无限之物；物理学是形而上学的部分，因为物理学处理的是形式和限定之物。但无限由何种[1]方式下降到有限之中，即使上帝曾教给了我们，我们也不能领会：因为这是神的心灵的真实，在他那里，认识（nosse）与创造（fecisse）是同一的。[2]但人类的心灵却是有限的、形式化的，因而不能通晓无限定的和无形式的事物，但对它们进行思维却是可能的。这正如我们意大利语所说的"能对之进行采

芝诺通过综合方法考察物理学

亚里士多德将形而上学无条件地引入物理学中

笛卡尔将物理学提升至形而上学

用形而上学的属来研究物理事物，或者用物理学的属来研究形而上学，两者都是有害的

无限由何种[1]方式下降到有限之中，这是不可能知道的

---

[1] 何种（quo）：本版文本为 ouo，这个词并不存在，疑为印刷错误。译者根据 1710 年原版订正为 quo。——中译者注

[2] 认识与创造是同一的（nosse et fecisse idem）：可以说这是真实与创造同一在认识论层面上的表达方式。nosse 和 fecisse 都采取完成时不定式形式，严格按字面意义来翻译就是"知道和做到是同一的"。与中国哲学中讨论的知行合一有类似之处，但其维度、主旨、内容均有不同。——中译者注

清楚分明地[1]认知是人
类心灵的缺陷

集，但却不能采集一切"（*può andarle raccogliendo，ma non già raccorle tutte*）。但思维本身也说明，你所思维的[对象]是无形的，并且没有任何界限。但也正因此，所谓清楚分明地认知，与其说是人类心灵的德性，还不如说是缺陷；因为所谓清楚分明地认知，就是认识事物的界限。神的心灵犹如在其真理之光中看事物，这就是说，当他看到一件事物时，同时也认识了与该事物相联系的一切无限之物。当人类的心灵清楚分明地去认识一个事物之时，就好像在黑夜里借助于灯光来看事物，当他看到事物时，周遭的一切就被他的目光遗漏了。因为我疼痛，我也不知晓疼痛的任何形式；我也不知晓精神悲伤的界限。但认识却并无限定，并且正由于无限定，所以也就配得上人：例如关于疼痛的观念就是再生动清晰不过了。但这种形而上学真理的清晰性正如光的清晰性，我们只有通过黑暗才能

形而上学真理的清晰性犹
如光的清晰性

分辨（distinguimus）出来。形而上学的真理是清晰的，因为它既不为任何界限所限定，也不能用任何有形事物加以分辨。物理学的真理则是晦暗的，只有通过它们的晦暗，我们才能分辨出形而上学真理之光。这种形而上学之光，或如经院哲学家所说，即德性向活动的演化，无需转引他人的话，就是从真正的动力中产生的，也就是从无限定的运动德性中产生的，这种德性无差别地是不等运动的基础：这就是点或者说

形而上学之光或者各种德
性向活动的演化，均由动
性而生

无限定德性的禀赋（dos），事物凭借这种德性[即广延德性]得以延展，这种德性也无差别地是不等广延的基础。

---

[1] 清楚分明地（distincte）：这个词的一般含义是清楚地、明确地。但译者以为，维柯在这里强调的应该是因为分割、区分和分析而显得清晰明确这个含义，这既符合维柯的文本语境，又符合 distincte 的语源学含义，即 distincte 来自动词 distinguere，意思是区分、分割。同时，这个论断明显是对抗笛卡尔的，笛卡尔断言清楚分明的认识就是真理，其中清楚分明就是用的 distincte 一词。——中译者注

第二节　广延不生动力[1]

广延确然不似能够自生动力：因为要么处处充实着同一种类的物质（corporum），这些物质以均等的力相互阻抗；但是，如果事物之间阻力相等，并且处处充实，那么运动德性就不可能被推动；要么处处充实着不同性质的物质，一些阻抗，而另一些则退让，因而其中出现的就是确确实实的运动（motus）。如果我要用胳膊打穿一堵墙，那并不是动力，因为那只是真实的神经运动，在这个运动中，神经从松懈变为紧张。这丝毫不异于一条鱼的运动，它向岸边游去，并与逆流相抗。随着这种神经的紧张，就会产生一系列的精神精气（spiritus animales）[2]，然后就是真实的运动，直到不再产生新的精神精气，神经才开始松弛下来，得以休整。一般来说，如果动力就是运动的德性，且广延之物因之而能动，那么如果运动的德性受阻，甚至受到最大的阻力，它是不是还能以某种方式伸展［起作用］？或者说它根本就不能伸展？如果说它能通过某种方式伸展，那么它就是最为真实的运动；但如果无论如何它都不能伸展，那么这种力（vis）是何种力，既然它总是无效？如果广延并不伸展，那么力可能根本就不存在；那就如同使了力但竟然并不延展，或者说并无运动。故而，如果我们考察所有的

动力绝不属于广延之物

属于广延之物的是最真实的运动

---

[1] 广延不生动力：拉丁文原文为 extensa non conari，意译本和英译本都译作"在广延物体中不存在动力"。不过，维柯在这里用的是动词形式的"动力"，这里试译作"生动力"。——中译者注

[2] 精神精气（spiritus animales）：参见本书第五章。——中译者注

自然结果，我们就会发现，它们实在是生于运动而不是动力。我们卓越的物理学家指出，就算看起来似乎是瞬间传播的光，也是在时间的延续中，通过真实的运动而形成的。但如果光确实在瞬间形成，那么我们也可以说，自然的这种最辉煌的作品是由点生成的。故而，如果光生于时间的瞬间，那么必然就应该认为，点的效果也是在自然中给出的。因为时间的瞬间关系着空间的点。因此，如果光是微粒运动的方向，并且在瞬间形成，那么这些微粒就不能仅仅为其一个部分所驱动，而这个部分同样是有广延的。因为广延总被分为极小的微粒，这些微粒又散布于中介物之间，因而微粒和中介物均穿梭于时间和真正的运动中。如果光由动力并在时间的瞬间而生，那么微粒也应该在无部分的点中被驱动。这样在自然中就存在着一种没有广延的事物。但因为他们还说，这些点既传播光，又产生黑暗，它们太过于坚实，以至于既不能用精细的几何学智慧来加以消除，也不能用形而上学的敏锐来剥除其任何广延性质。因此，如果自然已经实存，并且存在着不同属的广延，其中有些刚硬，有些柔软，那就不存在任何动力，只存在着真实的运动。[1]因此，实

存自然中的广延现象是不适宜于用德性和权能来解释的。由于那些优秀的物理学家们的贡献，自然的爱与憎、自然的隐秘法则（*consilia arcana*），等

---

[1] 光的例子给我们提供了一个经验例证，来说明在广延物体之中不存在动力。假如光是从动力中诞生的话，那么它就会在瞬间显现，这样发光的微粒就能够从真空中诞生，因为形而上学的点是无广延的。但是，光的微粒是有广延的，这样它就既不是几何学的点，也不是形而上学的点。——英译本注

等，这些被称为隐秘的性质（*qualitates occultas*）的术语，我要说，已经被物理学理论所摒弃。在形而上学中存留至今的，仅剩下动力这个词汇了。而且为了使这种关于物理现象的谈论方式完全结束，这个术语也应该从物理学理论中打发到形而上学中去。最后让我们作个总结。自然就是运动；自然运动的无限定的运动德性就是动力；而推动者，那个自身静止的无限心灵，就是上帝。自然作品是通过运动完成的，而由动力开始存有。因此，事物的生成听从于运动，运动听从于动力，动力听从于上帝。

动力这个词汇应该从物理学理论中打发到形而上学中去

自然就是运动，运动的起源是动力，而动力的推动者即上帝

第三节　一切运动都是构成的[1]

构成的事物的方式必然是构成的。因为如果方式就是如此这般的事物本身，并且广延之物具有其部分，那么广延之物的方式也就是如此安置的诸多事物。形状（figura）确然是一种构成的方式，因为它至少要由三条线构成；空间（locus）当然也是一种构成的方式，因为它是由三维构成的；位置（situs）同样也是构成的方式，因为它蕴含着多个地点之间的关系（ratio）；时间（tempus）的方式也是构成的，因为它由两个点形成，其中一个静止，而

构成的事物的构成方式

形状

空间

时间

---

[1] 构成的（compositus）：在通常情况下译作复合的，这样运动是复合运动，事物也是复合事物。但这里有两个不便：其一，不能反映出这些语词的语源关联，例如复合和构成之间的关系；其二，容易模糊维柯的创造观念，因为构成就是一种创造，而不是简单的复合。尤其是，如果有复合事物和复合运动，那么对应的就应该有简单事物和简单运动，但实际上维柯谈的根本不是这个。因为他说了，一切运动都是构成的，而且讨论的只是运动的构成要素。——中译者注

另一个运动。对此拉丁语的创制者们是熟知的，因为对他们来说，一些表示地点的副词和表示时间的副词是可以混用的：例如用 *ibi*（那里）来代替 *tunc*（那时），用 *inde*（那里）来代替 *postea*（后来），用 *usquam*（某处）、*nusquam*（无处）来代替 *unquam*（有时）和 *nunquam*（从不），以及其他类似情况。

上述例证可以表明运动是构成的，因为它们由 *unde*（从哪里）、*qua*（经由哪里，到哪里）和 *quo*（在哪里，向哪里）所规定。由于任何运动都由于周围大气压力（aëris circumpulsus）而形成，故而就不可能

存在简单的直线运动。物体在空气中坠落，或者沿地平面或海平面前进，看起来似乎都能用直线来描述，但实际上却并不是直的。因为直和同一都是形

而上学之物。看起来我似乎总是同一的，但由于事物的永恒的来来去去，或者事物在我身内的进进出出，在任何时间点上我都是不同的。同样，在任何时间点上看起来像是直线运动的，[实际上]却是曲线运动。谁如果从几何学来考察的话，那就很容易将形而上学与物理学结合起来。因为只有它才是最真的假设，通过这个假设，我们可以从形而上学下降到物理学中。正如曲线是由直线构成的，圆是

由无限定的（indefintis）直线构成的（因为它由无限定的点构成）一样，广延的构成的运动，也是由点的单纯的动力所构成。曲是自然现象，是不完善的，但直却超越于自然之上，并且是曲的规则。广延之物的动力与直线运动的关系现今已经确定，即如果物体是自由的，也就是说物体运动不受阻力的

话，那么它就沿直线运动直至无限。但首先，这样设想就是不允许的，因为谁设想到这一点，他就已

经把运动定义为相邻物体的变动。但是在虚空中有什么相邻物体呢？有人会说，应该考察物体开始运动时的位置的相邻关系。但如果这样考虑的话，那么无限（immensum）又是如何可能的呢？更近或者更远就是无限吗？如果是这样的话，那么与经院哲学所提出的假想空间（spacia imaginaria）又有什么区别呢？因为这正是他们的思想，他们从苍穹的最终的边界开始来想象虚空（inane spacium），并且设想，物体从其开始运动的地方开始，在虚空中运动得越来越远，以至无限。自然是完全不允许你这样设想的。因为事实上物体是致密的，既然它们运动于充实的空间中；它们在多大程度上遇到其他物体的阻力（这些物体本身也遇到其他物体的阻力），它们也就在多大程度上是致密的。如果没有阻力，那么也就没有运动，更没有直线运动，更不可能运动到无限；但是，假若抽出容器内所有的空气，那么容器壁就会向内压缩，虚空中的物体也会破碎。睿智的拉丁语创制者们是知道这个真理的，即直是形而上学的，而曲则是物理学的；从宗教原因出发，拉丁人认为 nihilo（无）与 recte（直）是反义词，也就是说，无与直、正确、完善、无限等相对立，而有限、曲、不完善等几与无差相仿佛。

第四节 广延之物并不静止

静止是形而上学的，运动才是物理事物。物理学不允许设想一个物体是自身绝缘的（integrum），

虚构物体在虚空中运动，等同于构造假想的空间

故而物体是致密的，因为它们运动于充实的空间中

为何在拉丁语中 nihil 与 recte 是反义词

静止是形而上学的，运动是物理事物

或者如其所说，不受任何运动和静止的影响。因为不允许设想一个既在自然之中，同时又在自然之外的东西。因为自然即运动，事物在运动中构成、生存和消亡，并且在任何时刻，一物在我们面前生成，而另一物却在我们面前消逝。故而构成就是运动（compositum esse moveri est）。因为运动就是相邻参照物或位置的变动。物体相对于其相邻物体总是在改变位置：物体总是在流入或流出，这就是事物的生命，正像河流一样，看起来似乎是同一的，但水流却永远是新的。因此，在自然之中，任何物体在任何时刻都不会执着于其相邻参照物，或者总是处于同一位置。下面这个观点是经院哲学家所提倡的，即事物倾向于保守其一旦定立的形式，这种自然的保存原则在自然事物的原因中有其地位。[1]但实际上，既然在任一时刻，事物都会有所损益，那么何者才是事物各自特有的形式？故而，物理形式无非就是事物的持续变易。因此，那种绝对静止的概念，应该完全从物理学中剔除出去。

构成就是运动

事物之生命犹如河流

物理形式就是事物的持续变易

绝对静止不存在于自然之中

第五节　运动不能传播

运动无非就是运动的物体；但如果我们要依据最为严肃的形而上学来谈的话，运动并非物体，而是属于物体。因为方式是物体的方式，即使心灵

---

[1]　按照维柯的赫拉克利特式的自然观，在自然或物理秩序中不可能存在一种自我保存或目的论的原则。在他的赫拉克利特主义后面还有着斯宾诺莎。水构成了一条稳定的河流，但只有元素的所有可能安排的整体性才被逻辑地保存下来。有机秩序则来自创造性的理智。——英译本注

也不能把方式和其所属的物体分开。所以说，运动的传播（communicari）就等于是物体的渗透（penetrari）。下面两个论点应该受到同等的指责：一个是运动由物体传播到物体，另一个是关于引力和运动的观点，它依附于经院派学者们一致同意的逃逸（或厌恶）真空说。因为在我看来，被抛物自身带有抛掷的手的所有推力这种说法，与说水泵里抽出的空气将水流吸引上来毫无二致。不过，感谢更先进的物理学，它通过确凿无疑的实验已经发现，这些吸引力（attractiones）其实就是大气压力。从这个结论又可以坚实地推出下面这个论点，即一切运动都生于某种推力（impulsu）。谁如果坚持有什么广延之物是静止的，那么谁就会遇上这些困难。谁如果理解了这一点，即一切都由一种永恒运动来推动，并且在自然中不存在任何静止之物，那么他也将会理解，那些看似静止的物体并不是因为手的推力而开始运动，而只是［从一种运动］被规定为另外一种运动；不是我们在推动着任何事物，上帝才是所有运动的作者，只有他才激起动力；而有了动力运动才开始；运动的规定的确在我们之内；而其他规定则来自另外一种机制；一切运动的共同机制（machina）就是气，其压力也就是上帝的感性之手（sensibilem manum），由此万物活动起来；任何个别事物都按其特殊的机制，采取各自不同的运动方式。如果任何运动都是空间性的，并且都由某种推力而诞生，那么这两种运动，即水流无疑是由于气压的作用而被吸入虹吸管的这种运动，和被抛物在空气中的抛物运动，它们之间就没有什么真正的区别了。

运动的传播就等于物体的渗透

运动传播看似与引力相同

一切运动生于推力

上帝是一切运动的创造者

运动的规定在我们之内

一切运动的共同机制是周围的气压

气的运动作为共同的运动，何以又成为各种特殊的运动

一切生于推力的运动都具有空间性，且以同一种方式

进而还可以判断，在抛物运动和火的燃烧、植物发育、牲畜在草地上撒欢等运动之间，实际上也没有什么真正的区别。因为一切运动都是因为大气压力。通过各自特有机制的作用，共同的气的运动便成为火、植物、牲畜等特有的运动，这同样也说明，它也成为被抛物特有的运动。确然无疑，对球来说，球由于运动而产生的热能，并不是由手传播而来的，毫无疑问，这热能是特属于球的。热能不是运动又能是什么呢？故而，手只是特定抛物运动的机制，这种机制也规定了神经，神经在其运动中使手紧张起来；物体也得到了规定，即已在运动着的物体，被迫采取不同的运动方式；运动着的周围的气也得到了规定，它推动着抛物运动；这个共同的机制，就是气的压力，它证明了自己为被抛物所特有，因而热能，或常常是火，也为被抛物所特有。

第五章 论精神和灵魂

animus（精神）和 anima（灵魂）这两个词的区分（elegantia）是如此有名，即我们由于灵魂而生存，由于精神而感知（anima vivimus, animo sentimus），以至于卢克莱修声明该区分就是他的，就好像诞生于伊壁鸠鲁的花园。[1*]

> 我们由于灵魂而生存，由于精神而感知

但必须注意，拉丁人也把 aër（气）称为 anima（灵魂），气是一切事物中最灵动的；而我们上面已经讲过，气是唯一作为万物共同的运动而运动的，而后通过万物各自的特殊机制的作用，显现为各自的特殊运动。由此可以推断，古代意大利哲学家们都是用气的运动来定义精神和灵魂的。的确，气就是生命的载体，在一呼一吸之间，推动心脏和动脉，推动心脏和动脉中的血液，而血液运动就是生命本身。但气也是感知的载体，它渗透于神经之中，激动其体液，延伸、扩张和弯曲神经血管。现在在经院哲学家那里，在心脏和动脉中推动血液的气叫作生命精气（spiritus vitales），而推动神经及其体液和经络的气叫作精神精气（spiritus animales）。[2]但是

> aër 在拉丁语中被称为 anima

> 血液之气乃是生命的载体

> 神经之气乃是感知的载体

> 生命精气较有惰性，精神精气则较有生气

---

[1] 卢克莱修，《物性论》(De Rerum Natura)，II，137；奥古斯丁，《上帝之城》，VII，23。关于这个理论的详尽表述参见《新科学》1744年版，第695—702节。——英译本注
英语翻译一般将 anima 译作 soul，将 animus 译作 spirit。学界根据英语译名，将两者分别译作灵魂（soul）和精神（spirit）。译者也遵从此惯例。——中译者注

[2] 古人对所谓生命精气和精神精气的准确位置意见并不统一。亚里士多德和盖仑都坚持心脏作为生命精气的寓所，而把脑看作是精神精气的居处。哈维（在1628年——中译者注）发现了血液循环，但这并没有摧毁人们把生命精气看作是生命动力这个信仰，这个争论在哈维的实验之后仍然持续了大约80年。科柯所在的研究者学会的成员以大量实验为基础来讨论血液的本性。许多研究者像（转下页）

54

精神精气比生命精气的运动要快得多；因为只要你愿意，就可以迅速移动你的手指；但是根据物理学家的计算，血液循环要花费很长时间，起码要二十分钟，才能从心脏运行到手指。此外，神经可以收缩和扩张心肌，凭借着这种收缩和扩张，血液就永恒地流动起来；由此可以说，血液运动应归因于神经。故而，那种阳性的、刚强的、通过神经的气的运动，就被称为精神；而另外一种阴柔的、被动的、在血液中的气的运动，就被称为灵魂。而拉丁人所谈论的不朽，都是指精神的不朽，而不是灵魂的不朽。[1] 也许这种言谈的源头在于，他们的创制者注意到了这一点，即精神的运动是自由的，并且出自我们的自由意志，而灵魂运动的产生，则离不开会腐朽的肉体，离不开肉体的某种机制；既然精神的运动是自由的，那么它也就渴望无限，进而渴望不朽。这个原理非常重要，形而上学家们，也包括基督教的形而上学家们，他们都认为，人是通过意志的自由而与无理性者区分开来的。确然无疑的是，教会神父们肯定地说，人被创造得具有不朽的精神，并且是由不朽的上帝创造的；由此还特别肯定道，这是因为人是渴望无限的。

血液运动归因于神经

在拉丁人那里是精神不朽，而不是灵魂不朽

<hr>

（接上页）维柯一样接受了这个假设，即精神精气是运行于整个神经系统之内的。参见巴达洛尼的《维柯评介》，第347—354页。——英译本注

[1] 到底是精神不朽还是灵魂不朽，维柯在这个地方的结论和后来是大不相同的。在《论意大利最古老的智慧》中，维柯一直都认为是精神不朽，而不是灵魂不朽。然而这个论点在《新科学》1744年版第695—702节的相关论述中被删除了，反而在别的地方谈到灵魂不朽，例如在该书第13、360、529节这三个地方，都提到了埋葬所代表的人类灵魂不朽这个观念是新科学的三大原则之一，另外在第746节还说，"根据希罗多德说，萨尔冒克什斯（Salmoxis）把灵魂不朽的教义带给希腊人"。——中译者注

第一节　论无理性者的灵魂

与我们上述所说相一致的是，拉丁人在其言谈中，把那些没有理性的动物称为 *brutum*（无理性的）；对他们来说，无理性的就相当于不动的（immobile），尽管他们看到它们也在运动。[1] 由此，古代意大利哲学家必然是这样考虑的，即他们之所以说无理性者是不动的，是因为它们没有当下外物的推动，就不会运动，而且只有受到在场物的推动，它们才能运动，犹如机器。但人却拥有内在的运动起源，这就是精神，它的运动是自由的。

拉丁人把 brutum 看作是不动的

无理性者要有在场物的推动，犹如机器

第二节　论精神的居所

古代意大利哲学认为，心就是精神的居所和家室。因为拉丁人通常都说，审慎（prudentiam）是放在心中的，谋略（consilia）和关心（curas）也都见于心中，创造性的敏锐也在胸心之中，或者如普劳

拉丁人将审慎放在心中

acetum pectoris

---

[1] brutum（无理性的）：来源于意大利坎帕尼亚的古代民族奥斯克人，其原意相当于 gravis（沉重的）。这个词后来具有粗陋的、没有理性的、无生命无知觉的以及天然的、未加工的等含义。但是关于 brutum 就相当于 immobile 却似乎缺乏直接的证据。英译者在这里给出了一些材料作为证据：*Sexti Pompei Festi de verborum significatu quae supersunt cum Pauli epitome*，ed. Wallace M.Lindsay，Leipzig，B.G.Teubner，1913，第 28 页："*Brutum* antique gravem dicebant"（古人说 brutus 意思就是沉重的，粗陋的）；第 201 页："*Obbrutuit, obstupuit, a bruto, quod antiqui pro gravi, interdum pro stupido dixerunt*"（变傻变笨都是说那些 brutus 的人，因为古人说 brutus 时意思就是沉重的，傻的）；卢克莱修，《物性论》，VI，105："bruto deberent pondere"（由于重量必然沉重）。但是维柯的说法也并不是毫无道理，因为 brutum 是尚待推动、尚待赋予理性和知的，因而也可以说就是不动的。而且他在这里并没有在这个意义上强求语源学的证明。——中译者注

56

图斯所说，胸心出敏锐（*e pectore acetum*），也就是迸发创造力（ingenium）。[1] 还有另外一些表述，例如，*cor hominis*！（人心啊！）；而 *excors* 就意指愚蠢，*vecors* 就意味着疯癫，*socors* 意味着思维愚钝；相反，*cordatus* 则意味着聪明；[2] 而希皮奥·纳西卡被称为 *corculum*（小心，引申为聪慧、睿智），则是因为他被认为是在解释神谕方面最有智慧的罗马人。是不是意大利学派与古代思想家都一致认为，神经导源于心脏？在我们看来，我们是用头脑来思维的。但这是不是因为人的两大感官都在头部，其一是最为灵敏的听觉，其二是最为敏锐的视觉？不过，我们当代的解剖学已经发现，神经导源于心脏这个看法其实是错误的。因为人们观察到，实际上神经像树根一样从脑部扩散到整个躯体。故而笛卡尔学派将人的精神（animum）置于松果体中，犹如置于某个观察点（specula）中一样，并且认为，精神通过神经来接收一切躯体运动，然后通过这些运动来考察对象。[4] 不过我们也经常观察到，大脑受到损害的人仍然能够生存、运动和感知，且具有相当的理性。然而，躯体的那些血液最少、充满黏液

cor hominis！ *excors*

vecors

cordatus

corculum

古代关于神经起源的看法

为何我们认为是用头脑在思想

灵魂（anima）[3] 是否居于松果体中

脑部受损的人仍能正确运用理性

---

[1] 普劳图斯，《巴基德斯》（*Bacchides*），405；《普塞多卢斯》（*Pseudolus*），739—740。——英译本注

[2] 《新科学》1744 年版，第 702 节；贺拉斯，《颂歌集》（*Horace, Odes*），16，13—16。——英译本注

[3] 灵魂（anima）：笛卡尔用的词语是 animâ，这个词包括了拉丁语中的 anima（灵魂，阴性）和 animus（精神，阳性）两种含义，取阴性，因此可以统一译作灵魂，这应该说是继承了古希腊特别是亚里士多德的传统，希腊语的 ψυχη（精神，灵魂）也是阴性，和 animâ 一样包括两个含义在内。参见维柯的第二答复。——中译者注

[4] 笛卡尔，《论灵魂的激情》（*Les passions de l'âme, in Oeuvres de Descartes*, ed. Charles Adam and Paul Tannery, 12 vols., Paris, L.Cerf, 1897—1910, 11, articles 31, 32, 第 351—352 页）。——英译本注

57

的地方，因而也就是腻重而迟钝的地方，看起来不像是精神的所在之地。因为机械学告诉我们，受精气最近推动的齿轮，是一切形式中最为精细和灵巧的。[1] 在植物中，生命之居所即种子，此后便由躯干分布到枝，从茎分布到根。是不是因为他们［拉丁人］观察到，心在动物的诞生中首先出现并发挥作用，而在其死亡中，直到最后才丧失其运动和热能？或者是因为他们认为，生命之火是燃烧于心中的？或者是因为当心脏有所缺陷时，即心脏生了疾病时——我们意大利语称为 *svenimento di cuore*（心脏晕厥）——他们观察到不仅神经，而且血液的运动都停止了，从而认为并说是"精神缺陷"（*animo deficere*）和"精神有疾"（*animo male habere*）？他们是否还断定，灵魂或生命的起源在于心中，而精神或理性的起源也在于心中？是不是还因为，智慧就是思考真实并要求正义，从而将精神置于情感之中，并将心灵置于精神之中，进而又称为精神的心灵（*mentem animi*）？[2] 当然，精神的一切激动或情欲（*affectus*）的刺激因素有两种，即渴求和恼恨的欲念（*appetitus*）。血液就是渴求的载体，胆汁就是恼恨的载体；这两种体液的处所主要在于心口。由此他们认为心灵依靠精神，因为正如一个人有什么

心灵从头部来指挥身体是有悖于机械学的

植物的生命居于种子中

心首先诞生却最后死亡

精神缺陷和精神有疾

是否生命的起源在于心，而理性的起源又在生命的起源处？

谁为智慧之人

精神的心灵

情感的刺激因素在于两种欲念

欲念的处所和载体

心灵依靠精神

---

[1] 维柯这里所说的话是很清楚的，但是如何解释却并不清楚。他似乎已经瓦解了他的比喻。精神精气推动神经是与钟表的发条推动齿轮采取同样的方式。这整个一节使我们想起柯林武德（Collingwood）的《新利维坦》（*New Leviathan*）。关于维柯材料来源，可参见柏拉图的《理想国》，IV。——英译本注

[2] 卢克莱修，《物性论》，IV，758；《新科学》1744 年版，第 696 节。——英译本注

様的精神，他就如何思考，即使对于相同的对象，人们的感知也会因不同的旨趣而各各不同。我要说，为了更可靠、更审慎地思索真实，去除情感比去除偏见更为重要。因为如果情感存留，那么偏见也就不可能消除；而在情感去除之后，再揭掉我们加于事物身上的面纱，事物自身才能存留下来。

第三节　罗马人的政治怀疑主义

罗马人在作出陈述时使用 *videri*（看来，似乎）和 *parere*（显得，看来）等词，在宣誓时，每个人的誓言都必须是出于自己精神的判断（*ex animi sui sententia*）。[1]这是否是因为他们断定，在表达自己的时候，没有人能够免除情感对精神的困扰？又，在罗马人中间存在着某种对于判决和宣誓的宗教敬畏，这是否是为了避免人们在情况发生了变化的时候发伪誓？

---

[1]　昆体良，《雄辩术原理》，VIII，5。——英译本注

第六章　论心灵

　　拉丁人的 *mens*（心灵）[1] 和我们意大利人的 *pensiero*（思想）[2] 相同，他们也认为，心灵是由诸神赐予、输入、植入人类的。就等于说，谁构想出这些言谈，谁就会认为，人类精神中的观念是由上帝产生和引起的；因而他们谈论所谓精神的心灵（*mens animi*）；并且，他们把精神运动的自由权利（*ius*）和意志归因于上帝，比如情欲（*libido*），也就是想望任何事物的能力，就成了每个人自己的上帝（*sit suus cuique Deus*）。这每个人特有的上帝，就像亚里士多德学派的实践理智（*Intellectus agens*），斯多亚学派的神妙感觉（*Sensus aethereus*），以及苏格拉底学派的精灵（*Daemon*）。关于此，当代最卓越的哲学家们已经作了许多相当睿智的探讨。[3] 但如果敏锐的马勒布朗士（Malebrancius）认为这些是真理，我很惊奇于他为什么还赞同笛卡尔的第一真理"我思故我在"。[4] 因为从上帝在我之中产生观念这

拉丁人的 *mens* 和我们意大利人的 *pensiero* 相同

心灵由诸神赐予

观念是由上帝在人类精神中产生的

精神的心灵

亚里士多德学派的实践理智

斯多亚学派的神妙感觉

苏格拉底学派的精灵

澄清马勒布朗士的学说

---

[1]　mens 一词源于动词 meminisse（记忆，回忆，想起等），其词根则为 *men-，意为思考、记忆等，如果扩展到印欧语系中，其词根为 mati-，意为思想。拉丁语中一般把 mens 看作是精神（animus）的主要的和最高的部分，有时也就是精神。但这里主要是指精神的运作和功能部分，例如记忆、回忆、思想、判断，等等。这里遵照惯例译作心灵。英译本译作 mind。——中译者注

[2]　pensiero 一词源于动词 pendere（悬挂，悬隔，权衡等）以及 pondo（权衡重量），又从其被动式 pensus 导出名词 pensum，意为每日命令奴隶纺织的毛线的重量，然后又引出名词 penso，意为学者的工作或劳动，从而又有了意大利语的动词 pensare，意为深思、考虑、权衡、想念、怀念、关心、关照等。——中译者注

[3]　参见伽桑迪，《著作集》（P.Gassendi, *Opera*, Sumptibus Laurentii Anisson, 1658, Tomus Tertius, quo continentur Syntagmatis ）。——英译本注

[4]　马勒布朗士，《真理的探索》（N. Malebranche, *De la recherche* （转下页）

件事，很可能必须得出结论说："在我之中有某物在思；因而它也就存在；然而在沉思中，我并不识知任何物体的观念；故而在我之中思者，乃是最纯粹的心灵，也就是上帝。"当然，除非人的心灵就是如此构造，即它能够从完全无可置疑的事物，达到对至大至善的上帝的认知；而在认识上帝以后，开始承认以前毫无疑问的东西，却是虚假的。然后，一般而言，在最高神的观念面前，一切关于产生物的观念在某种意义上都是虚假的，因为相对于上帝来说，这些产生物看起来都不是出自真实；只有关于唯一的上帝的观念是真实的，因为只有上帝出自真实。现在，如果马勒布朗士想要让他的理论融贯一致，他就应该讲，人的心灵须从上帝中不仅获取关于肉体的知识（心灵也是肉体的心灵），也要获取关于自己本身的知识；同样，如果它不能从上帝中辨识自身，也就不能认知自身。心灵思维着展现自身：上帝在我之中思维，我则在上帝之中认知到我自己的心灵。但这大概就是马勒布朗士的理论的融贯一致性。但我们自己所能接受的是，上帝是一切运动的第一创造者，不管是物体的运动，还是精神的运动。但在这里我们遇到了暗礁险滩：何以上帝成为人的心灵的原动力，而实际上，人却充满着缺陷、丑恶、谬误和罪孽？何以上帝拥有最真实、最绝对的知识，而人类却仍能拥有行为实践的自由意志（arbitrium）？我们当然都知道，上帝是全能、全知、至善的；他的通晓就是真，他的意志就是善；

上帝是一切运动的第一创造者

恶由何而来

人的自由意志

（接上页）*de la vérité*, in *Opera*, ed. Geneviève Rodis-Lewis, 2d ed. Paris, J.Vrin, 1972, vol.1）。——英译本注

他的通晓是最单纯而又最直接的，他的意志也是不可更改和不可抗拒的。而且，正如《圣经》所教导的："若不是圣父的引导，我们之中谁也不能接近圣父。"[1] 那么，假如他要引导具有意愿的人（volens），他如何引导呢？看看奥古斯丁怎么说："上帝不仅引导有意愿的人（volentem），而且引导那欢喜的人（lubens），并且靠快乐（voluptate）来引导他。"[2] 但什么才是更适合于神的意志的恒定一致和我们意志的自由的东西呢？于是就有了这种解释：即使在人的迷误本身中，我们也不能把上帝从我们的视线中排除出去。因为我们是把谬误放在真实之种类下来接受，把恶放在善的名义下来爱。我们看到了有限事物，也感到自己是有限的；但这本身就是因为我们在沉思无限。我们似乎看到运动由物体引起，并通过物体来传播，但运动的引起和传播本身却表明且肯定了上帝的存在，肯定了作为心灵的上帝就是运动的创造者。我们以曲为直，化多为一，混差异为同一，视运动为静止，但事实上直、一、同一以

在错误的阴影中有上帝之光

[1]《圣经》和合本译为："若不是差我来的父吸引人，就没有能到我这里来的。"见《新约·约翰福音》，6：44。——中译者注

[2] 在金蒂莱（G.Gentile）和尼科里尼（F.Nicolini）的拉丁文版本中，这一段引文被注为出自奥古斯丁（*Tractatus in Iohannem* 4）。参见《维柯著作集》，（*Opera di G.B.Vico*, ed. G. Gentile and F. Nicolin, Bari, Laterza, 1914, 第301—302页）。很可能金蒂莱和尼科里尼用的是奥古斯丁的一个老版本（*Sancti Aurelii Augustini ... operum tomus primus ... Opera et Studio Monachorum Ordinis Sancti Benedicti e Congregatione Sancti Mauri ...*, Antuerpiae, Sumptibus Societatis, 1700），这是当时维柯在瓦莱塔（Giuseppe Valletta）图书馆所能见到的奥古斯丁版本。参见瓦莱塔的《哲学著作集》（G.Valletta, *Opere filosofiche*, ed. M.Rak, Florence, Olschki, 1975, 第523页）。维柯也可能是解释了奥古斯丁的另一部著作中的相似章节。参见 *Sancti Aurelii Augustini in Iohannis Evangelium tractatus*（CXXIV, Turnholti, Brepols, 1954, 第261页）。——英译本注

及静止都不存在于自然之中；在这方面所产生的谬误不是别的，就是人们不审慎地或错误地判断被产生之物，并且按照同样的模仿方式去直观上帝。因此，形而上学探讨的是无可置疑的真理；因为尽管你可以在形而上学问题上有所怀疑，有所迷误，有所失败，你同样可以达到确定性。

为何形而上学探讨的是无可置疑的真理

第七章 论能力

facultas（能力）一词如同 *faculitas*，从这两个
词后来演变出 *facilitas*（容易，灵巧，熟练），[1] 也就
是一种纯熟的（expedita）或成备的（exprompta）创
造才能（solertia）。[2] 能力就是使德性转化为行动
的灵巧才能。灵魂是一种德性，看是一种活动，而
看的感觉是一种能力。因此，经院哲学家们在这方
面已经谈得非常精微了，因为他们把感觉、想象、
记忆和理智等都称为灵魂的能力；但当他们断定颜
色、味道、声音和触觉都处于物体中时，却败坏了
这种精微性。因为假如各种感觉都是能力的话，那
么我们就是在看中创造事物的颜色，在尝中创造事
物的味道，在听中创造事物的声音，在触中创造事
物的冷热。古代意大利哲学家关于这个问题的看法，
已经完整地保存在 *olere*（有味道）和 *olfacere*（嗅
味道）这两个动词中了：他们说东西是具有味道
的（*olere*），然而动物则是嗅出味道（*olfacere*），[3]

facilitas 一词的词源

经院哲学家对灵魂的能力
已有精微的探讨

能力是我们创造事物的能力

外部感觉

东西是具有味道的，而人
则是嗅出味道

---

[1] facultas（能力）和 facilitas（容易，灵巧，熟练）：其词根都是
      facul-，来源于动词 facere（做，创造，从事，制造等）。facilitas 同
      时也是便利、容易、方便之意。仿佛创造与习用就是 facilitas 以及
      facultas 共同的元素。——中译者注

[2] 西塞罗，《论创造》(*De Inventione*)，1，27，41；昆体良，《雄辩术原
      理》，I，3。——英译本注

[3] olfacere（嗅味道）：词根 ol- 与 facere 的复合词，即做出或创造出
      味道。根据这种语源学，闻到某种味道就是使它可以被闻到，使这
      种潜在的味道成为真实的味道。德谟克利特、伊壁鸠鲁和卢克莱修
      都一致同意把第二性质看作是某种关系。无论维柯的思想来源是伽
      利略的《试金者》(*The Assayer*, trans. Stillman Drake, New York,
      Doubleday, 1957, pp.237ff)，还是如巴达洛尼所说的（《维柯评介》，
      第 352 页）来自赫伯特（Herbert of Cherbury），或者其实（转下页）

也就是说，动物通过嗅觉创造出味道。想象力
（phantasia）是一种确实之极的能力，因为我们在运
用想象力时，就构造了事物的意象（imago）。内部
感觉也是同样的能力，例如，人只有在战斗之后，
注意到自己的伤口时才感觉到疼痛。照此看来，真
正的理智也是一种能力，因为当我们用理智来理解
某种真理时，也就是在创造这种真理。故而，算术、
几何学及其派生学科机械学，就属于人的能力，因
为当我们明证它们是真理之时，也就是做出了真理。
但物理学真理却属于至大至善的上帝的能力，而且
只有在上帝那里，才有真正的能力。因为上帝的能
力是纯熟之极、完备之极的。在人类这里是能力者，
在上帝那里则是最纯粹的活动。据上所述得出的结
论就是，正如人将其心灵指向事物的方式以及意象，
从而诞生出人的真实一样，上帝也在其通晓中诞生
出神的真实，并创造出被产生的真实。因此可以说，
我们在意大利语中把雕塑和绘画说成是"作者的思
想"（pensieri degli Autori），这是不恰当的；但关
于上帝我们却可以恰当地说，一切存在的东西都是
"上帝的思想"（pensieri di Dio）。

想象力

内部感觉

真正的理智

算术、几何学以及机械学
都属于人的能力

物理学则属于上帝的能力
真正的能力在上帝那里

为何万物都是"上帝的思想"

第一节　论感觉

拉丁人把心灵的一切活动
都看作是 sensus

拉丁人说 sensus（感觉）的时候，不仅指外部

（接上页）就是来自洛克和德谟克利特，维柯关于 facultas 这个拉丁
语词的考证都是真实与创造原则的一个推论。这条原则在这里成了
基本认知的真理标准。我们通过听、闻和看等能力，创造了声音、
味道、颜色等一切其他东西。——英译本注

感觉，例如看的感觉（sensus videndi）[1]，以及内部感觉——这些感觉曾被称为"精神的感觉"（*animi sensus*），例如痛觉、快乐和烦恼等——而且把判断、决定和意愿等也包括进去了。例如他们说"我这样感觉"（*ita sentio*），也就是我如此判断；"感觉已定"（*stat sententia*），即确定了；如"如其所感地出现"（*ex sententia evenit*），也就是正如他所期望的那样。在法律程式上，我们还可以看到这类用语："出于自己精神的感觉"（*ex animi tui sententia*）。[2]那么这是不是说，古代意大利的哲学家们像亚里士多德学派一样，他们断定人的心灵离开感觉，就不能把握任何东西呢？或者像伊壁鸠鲁的门徒所说，心灵无非就是感觉而已？要不然就像柏拉图主义者或斯多亚主义者所认为的那样，理性也只是神妙而无比纯粹的感觉？的确，异教学派没有人知道人的心灵是完全非形体的。并且他们认为，所有心灵活动都是感觉；也就是说，无论心灵做什么或产生什么，都无非是物体的接触。但我们的宗教却正好与之相反，主张心灵是完全非形体的。我们的形而上学家们也肯定，当我们的肉体感官受物体影响而运动时，这

这是一种异教形而上学

基督教形而上学主张相反的学说

---

[1] 看的感觉：原文为 sensus vivendi，尼科里尼将其译作 senso di vivere（生存感觉或生活感觉），见《维柯著作集》（*Opere filosofiche*，Milan，Ricciardi，1953，第293页）。本文所依据的版本克里斯托弗里尼（Paolo Cristofolini）版则将其读作 sensus videndi（看的感觉），今从之。奥托（Otto）在德文中将其译作 gesichtssinnes（视觉感觉），见本书德译本（*Liber Metaphysicus.Risposte*，Munich，Wilhelm Fink Verlag，1979第123页）。英译本也将它看作是 sensus videndi。因为这里讲的是外部感觉的一个例子，所以看的感觉是合理的，而生存感觉或生活感觉则颇为不当。所以这里可能是笔误或错印。——中译者注

[2] sententia 一词与 sensus 及其动词 sentire 词根相同，因而首先意味着感觉、感知、意见、看法等，而后才引申为其他含义。这里统一译作感觉。——中译者注

种场合也不过是上帝在推动着我们的感官。

第二节　论记忆力和想象力

拉丁人把 *memoria*（记忆）称作收集通过感觉
而来的各种知觉作为营养储备的能力；当提取这些
知觉时就被称为 *reminiscentia*（回忆）。但它同时也
意味着一种形成意象的能力，希腊人称为 *phantasia*
（想象力），我们则称为 *imaginativa*（想象力）；[1]因
为通常我们称为 *imaginare*（想象）的地方，拉丁人
则称为 *memorare*（忆想）。[2]这是否因为对我们来
说，我们不能构想对其没有记忆的东西，也不能记
忆我们没有通过感觉对其有所知觉的东西？的确，
没有一位画家曾经画出过自然没有产生的植物或生
物种类，就算是那些半鹰半马的有翅兽和半人半马
的怪物，实际上也只是自然事物的荒诞混合。诗人
也不能构想出不存在于人性之中的其他德性形式；
但他们选择其中某种德性，并将其美化到难以置信
的高度，然后据此来塑造他们的英雄们。因此，在
希腊人的神话传说中，作为想象力德性代表的缪斯
女神就相传为记忆女神的女儿。

---

[1] 很可能涉及 *firma animi et rerum ac verborum ad inventionem perceptio*
（精神的关于事物和语词的确定的创造性感知）。西塞罗，《论创
造》，I，7。参见《新科学》1744 年版，第 699、819 节；也可参见
维莱内，《维柯关于想象的新科学》（D.Verene, *Vico's New Science of
Imagination*, Ithaca, Cornell University Press, 1981, 第 96—126、169
页）。——英译本注

[2] memoria 一词源于拉丁语动词 memor，其词根为 smer-，意为记忆、
忆想。phantasia 一词来源于希腊语动词 phaino，意为显现、置于光
明中等，仿佛想象原是显现出来给人看的。imaginativa 一词则来源
于拉丁语中的 imitor，意为模仿、与……相似等，而直接来自名词
imago，意为意象、形象等。——中译者注

第三节　论创造力

ingenium（创造力）[1] 是将分散和差异联结为一的能力。拉丁人用 *acutum*（敏锐）和 *obtusum*（迟钝）这两个词来形容它。这两个词都来源于几何学中的穿透性；所谓敏锐者，即透入事物更快，就像两条线以小于直角的锐角交于一点一样，能够更紧密地联结不同事物；所谓迟钝者，则透入事物较慢，任由事物的差异和分割，就像两条线以大于直角的钝角交于一点一样。因此，迟钝的创造力就是

何谓 *ingenium*

acutum 和 *obtusum* 的由来

---

[1]　ingenium 是一个复合词，由 in-（内在的，内生的）和 gignere（生产，诞生）组成，意为内生的特征或本性。在古典拉丁语中演变为创新、发明、战争器械等含义，因而又具有才智、天才、才能、创新力等含义。意大利语中的 ingegnere 即源于此，意为精于工程设计的工程师。这里对 ingenium 的理解应该联系两个含义，一个是创新才智或创造力，另一个是内在的自然本性。一般译作创造力，因为其一，它指的是人的一种能力，其二，它以创造、创新为特征。但缺点是，创造力既不能说明这种能力的内生性或内在性，因而也就是本源性，也不能直接说明它作为悟性、智性等综合一切能力的特性，亦即智慧能力这一特性。读者在阅读的过程中应该牢记这一点。在意大利语中不会有这个问题，因为 ingenium 有对应的词 ingegno。英语中直接源自拉丁语 ingenium 的词是 ingenuity，但是这个词的含义局限于某种创新的机智、机灵等，丧失了智慧这一层更为深远的含义，也很难与真正的创造力这个概念相称。另外一个词就是 wit，这个词的含义是比较合适的，即作为区别于理解的一种本源的心灵活动，包括创造力、智慧两个方面的意思。当然缺点就是看不出来词源学上的联系。关于英语 wit 的用法，英译本中给出了一些与维柯时代相近的著作作为参考，例如洛克的《人类理解论》(*An Essay Concerning Human Understanding*, ed. Campbell Fraser, New York, Dover, 1959, 1: 202—203) 和霍布斯的《利维坦》(*Leviathan*, New York, Dutton, 1950, 1: 54—60)。另外，关于维柯对 ingenium 这个词在这里以及《新科学》中的用法的讨论，可参见穆尼的《维柯在修辞学传统中》(Michael Mooney, *Vico in the Tradition of Rhetoric*, Princeton, N.J., Princeton University Press, 1985, 第 135—169 页)。还可参见《新科学》1744 年版，第 699、819 节。关于倾向于使用 ingenuity 来翻译维柯的这个词的观点，参见努佐的《再论英语中的维柯》[Enrico Nuzzo, "Ancora su Vico in Inglese", *Bollettino del Centro di Studi Vichiani* 16 (1986), 第 397—403 页]。——中译者注

联结不同事物较慢的创造力，而敏锐的创造力就是联结较快的创造力。此外，*ingenium*（创造力）与 *natura*（自然，本性）在拉丁人那里是同义词：或许是因为人的创造力就是人的自然本性；因为创造力就是看到事物的尺度（commensus），也就是何者恰当，何者适宜，何者为美，何者为丑等，从而为无理性之物所不具有？或者是因为正如自然诞生物理事物，人类的创造力诞生机械事物，从而上帝是自然的创造者，而人则是人的作品的上帝？[1] 当然，scientia（知识，科学）无疑与 scitum（知，懂）词源相同，而意大利人则同样优雅地将 scitum 译为 ben' inteso（透彻理解的，充分懂得的）或者 aggiustato（整理好的，调整好的）。[2] 或者是不是

ingenium 和 *natura* 相同

创造力乃人之特有自然本性
只有人才能看到事物的尺度或比例

上帝是自然的创造者，人则是人的作品的上帝

为何 scitum 被说成是 pulchro（美）

---

[1]《新科学》1744 年版，第 331 节。——英译本注

[2] scientia（知识，科学）与 scitum（知，懂）确实来源于同一个动词 scire，意思是知、懂、理解等，其印欧语词根为 *ska-，意思是切、割、分等，而后又意味着 decidere（决定，这个词由 de-caedere 复合而成，从本原上来说也具有切掉、割掉等含义），最后则演变为 sapere（知、懂，本原含义为品出味道，即能鉴别、能辨析）。在希腊语、印度语和日耳曼语系中，同样的意思要联系与 vedere（看），其词根为 *weid-，意思是看。在希腊语中它的完成式形式即（F）oîda，其本来意思是"我看见了"，然后又过渡为"我知道，因为我看见了"，idea（观念）这个词就是从这里而来。scitus 在拉丁语中的确含有维柯所说的这些含义，他所说的翻译也是正确的。此外，这个词首先意味着习知、恰当、构造完好、美，等等。另外还可参见维柯，《大学开学典礼演讲集》中的《论英雄心灵》的第 18 段，在那里他又谈到，scitus 在其源头上又意味着美（pulcher），意味着正确的比例。意大利语 aggiustato 源于动词 giustare，这个动词又来源于拉丁语中的 justus，意思是正确的、适当的、正义的等。英译者认为，即使这个论点成立，那也是一个虚弱的论点，认为维柯不过是证明，ingenium 和 natura 在拉丁语中所发生的关系，同样在意大利语中发生在 scientia 和 scitus 身上。中译者不同意这一观点。关于 ingenium 的词源学讨论参见第 68 页注释 [1]。natura 的词根是生长、产生、生育的意思，与 ingenium 的词根意思相同。因此，维柯强调这一点既不是毫无根据，也不是没有用意的。——中译者注

说，人类知识本身不过就是一种完成（efficere），以使各种事物自身符合优美的比例，而这只有那些具有创造力的天才才能做到呢？故而，沿着这条道路前进的几何学和算术，就是诸种知识中最确实的；而那些能够擅长应用它们的人，意大利人把他们称作 *ingegnieri*（工程师，设计师，天才）。

为何几何和算术是诸种知识中最确实者

何以如此称谓 *ingegnieri*

第四节　论知识的特定能力

前述所论使我们有机会来探讨，何种能力是人所特有的认识能力。人的确能知觉（perceptio）、判断（iudicium）和推理（ratiocinatio），但他的知觉往往是虚妄的，他的判断往往是轻率的，他的推理也往往是不健全的。希腊的各家哲学派别都认为人被赋予了这些求知能力，且不同能力都要用各自的艺术为指导：知觉能力以论题法（topica）、判断能力以批判法（critica）、最后推理能力以方法（methodus）为指导。然而在他们关于辩证方法的论述中，并没有流传下关于方法本身的任何教导，因为［他们相信］孩子们通过习用本身，也就是当他们在做几何练习的时候，就已经充分地学习到了方法本身。至于几何学以外的规则，古人认为那是审慎智慧的责任，它是不受任何艺术指导的；而正因为不受任何艺术指导，所以它才是审慎智慧。因为只有艺术家才会教导何者为首，何者为次，何者又应处于另一位置，等等，故这种方法造就的与其说是审慎智者，还不如说是工匠。事实上，如果你把几何学方法应用于生活实践中，

心灵的三种运作：知觉、判断和推理

它们由三种艺术来指导：论题法、批判法和方法

为何古人并无任何特别的方法艺术

决策（consilium）不能建立在几何学方法之上

你所做的无非是，

辛勤劳作就为了

因理性而疯狂，[1]

并且不顾生活中的曲折艰险，直接［按照理论］来行事，仿佛情欲、轻率、机遇和运气从不掌控人间事务。用几何学方法来撰写一篇政治演说，无异于在演说中拒斥一切真知灼见，而只是证明一些显而易见的东西；他们对待听众就像对待儿童一样，把他们无不是已经嚼过的东西放入听众的口中，一句话，他们在演说中不是作为演说家，而是充当小学教师。我也十分惊诧，为什么那些在政治演说中不遗余力地推崇几何学方法的人，仅仅把狄摩西尼奉为雄辩术之典范。如果神明欢喜，［你可以说］西塞罗杂乱无章，条理不清，但迄今为止，那些最博学之人所仰慕的，却正是西塞罗方法安排上的伟大力量。他们注意到，西塞罗所讲的第一点以某种方式有所展开，并且第一点中已蕴含了第二点；故而看起来他在第二处所讲的东西，与其说是从他口中讲出来的，还不如说是由问题本身展开或涌流出来的。事实上，正如最权威的修辞学家狄奥尼修斯·朗吉弩斯所正确指出的，狄摩西尼从头到尾除了倒置法

几何学方法也不适合政治演说（左栏标题）

西塞罗的演说条理（左栏标题）

狄摩西尼的杂乱无章（左栏标题）

---

[1] 泰伦斯，《阉奴》（*Eunuchus*），62—63。穆尼在这里正确地注释道，这条来自泰伦斯的习语是由格劳秀斯提示的，他在《战争与和平法》（*De jure belli ac pacis*）序言第4段中用这句习语形容他的对手所主张的战争与和平不可调和这个观点。参见穆尼，《维柯在修辞学传统中》，第4页。——英译本注

(hyperbata）之外，还有什么呢？[1]关于此，我还要补充说，在他杂乱无章的演说中，整个省略三段论（enthymematica）的论说方式剑拔弩张。根据惯例，他先提出所要谈的论题，以告诉听众他要讲什么；然后他迅速转入另一个问题，但这个问题看似和他所要谈的话题毫无关联，从而使得听众迷惑不解，以便在某种程度上引开他们的注意力；直到最后，他才解释前所引入的问题与后来提出的问题之间的相似逻辑，以便使他的演说犹如平地惊雷，愈加出乎人们的意料，并且更有力度。但千万不要认为，在整个古代，人们因为不可能懂得现代人所说的心灵的第四种运作，就一直在运用着一种残缺不全的理性。事实上，这并不是心灵的第四种运作，而是心灵的第三种运作的艺术，也就是我们借以规范推理的工具。因此整个古代辩证方法（dialectica）[2]可以分为发现的艺术（ars inveniendi）[3]和判断的艺术（ars iudicandi）。然而，学园哲学家们全心经营发现的艺术，而斯多亚学派则整个投入判断的艺术。两者都是片面的：因为无论离开判断的发现，还是离

> 狄摩西尼演说的所有力量都包含在这种杂乱无章的演说条理中

> 方法并不是心灵的第四种运作，而是第三种艺术

> 古代的一切辩证法都分为论题法和批判法

---

[1] 这里维柯把哈利卡纳苏的狄奥尼修斯（Dionysius of Halicarnassus）与朗吉弩斯（Longinus Cassius）合并起来了。前者是一位历史学家和修辞学家，曾写过关于希腊演说家的著作，但只有一部分流传下来。后者是古希腊新柏拉图主义哲学家、修辞学家。《论崇高》（On the Sublime）长期以来被错误地划归朗吉弩斯名下。（根据陆谷孙先生主编的《英汉大词典》，《论崇高》的作者就是朗吉弩斯。——中译者注）——英译本注

[2] 辩证方法（dialectica）：这里强调的是贯穿于言说、言谈、论辩中的方式和方法，而不是后来所谓的辩证法，故译为辩证方法。——中译者注

[3] 发现（invenio）：本义为发现、遇到，同时有创造的含义，仿佛创造就是发现、遇到，而创造物就是发现和遇到的新事物。判断与此不同。invenio 在通俗拉丁语中演变为 invento。不过，维柯在这里将 invenio（发现）和 facio（创造）两者区分开了。——中译者注

开发现的判断，都不可能是确定的。因为假如我们心灵中的清晰分明的观念还没有明察既定事物的一切内在元素和相关元素，它如何能够成为真理的标准呢？人又如何能确定他已经明察一切，假如他还没有明察对既定事物可能提出的一切问题？首先是事物是否存在的问题，以免他谈论子虚乌有之事；其次是究竟是什么的问题，以免他纠缠于名称；然后是其广延、重量以及数目等的大小问题；接着是事物是怎样的问题，即考虑事物的颜色、味道、软硬以及其他触觉问题；此外，还有事物何时生成、持续多久以及衰败成什么等；同样以此类推其余，沿着其他范畴继续前进，将对象和在某种意义上与之相关的一切事物联结起来：它们或者是事物由以生成的原因，或者是事物产生的结果，或者是当该事物与相似、相异、相反之物，或与较大、较小或相等之物结合时所产生的作用等。[1] 因此如果谁要

[1] 通过"联结与事物以一定方式相关的一切因素"，人们就可以"汇集"起对对象本身进行某种心灵构造（创造）的一切元素。因为这种比较将事物在所有分类等级上都置于与其他事物的相应关系中来看。在这里，维柯表述了他的理论，以便明确他与笛卡尔的方法规则之间的关系。但至关重要的就是，他的前两个问题（是否存在以及是什么），只有在一直回答完他的第五个问题才有可能解决。他把他的进程停在那个问题上，是因为只有当我们回答了那个问题，在我们面前才有了一个真正意义上的现实对象。这就是现在维柯想要指出的他的方法"所关注的不同之处"。他把亚里士多德的逻辑学、笛卡尔的分析方法和培根的观察与比较的"新逻辑"嵌入他的理论构架中。如果这个分析是对的，那么正如穆尼所指出的，在这一章中，维柯所提出的东西就远远超出了培根对他的强烈影响。参见穆尼的《维柯在修辞学传统中》，第57页，n.62。——英译本注
中译者认为，英译者的这个理解是基本正确的，但是还应该注意两点，其一，这个理解应该放在论题法和批判法这两种方法，或发现和判断这两种艺术的统一性上来理解；其次，这五个问题不仅具有内在的阶段性，而且更具有循环性。——中译者注

用亚里士多德的范畴和论题法去发现什么新东西的
话，那么它们就是无用至极的；现代的卢利[1]或基
尔肖[2]就是这样。而谁如果仅仅熟知语言文字，然
而却不能用语言文字去读懂自然这部伟大的书，那
么他也就与之同类。但是，如果我们将这些范畴和
论题法看作是探求既定真理的指引和 ABC，以使我
们能对事物有完全的明察的话，那么对于发现 (ad
inveniendum) 来说，就没有什么是比它更富有成效
了。而且，从同一源泉中，既能产生渊博的演说家，
同样也能产生伟大的观察家。相反，谁如果仅仅仰
赖心灵中清晰分明的观念来明察事物，那么他就很
容易迷误；当他自认为已经清晰分明地知晓事物时，
实际上他所知的往往只是混沌一片，因为他并未知
晓将该事物与其他事物区别开来的一切内在元素。
但如果用批判的火炬照亮论题法的所有环节，那么
也就可以确定，他已经清楚分明地认识了事物；因
为他已经按照对既定事物可能提出的一切问题，作
了全面的考察；而正因为全面考察了所有问题，故
而论题法本身也就成了批判的。其实，各种艺术就
是学问共和国的法律，因为它们是一切学者对自然
的观察研究，而后成为各门学问的法则。[3]由此，

亚里士多德的范畴和论题
法如何才能有益于发现

艺术就是学问共和国的法律

[1] 卢利（维柯原文为 Lullianus， 英译本为 Ramon Llull 或 Lullus
 Ramundus，1235—1315）：著名的颇有争议的卡塔鲁尼亚（西班牙
 东北部一地区——中译者注）逻辑学家。对于卢利的方法一个较为
 清晰的批评，参见培根，《学术的进展》（De Augumentis Scientiarum,
 in The Works of Francis Bacon, ed. J.Spedding, London, Longmans,
 1879，6: 669）。——英译本注
[2] 在《新科学》1744 年版第 605 节中，维柯把基尔肖（维柯原文为
 Kirkerianus，英译本为 Athanasius Kircher）看作是一个傲慢而博学的
 人。——英译本注
[3] "成为各门学问的法则"这个说法，通常可以被称作"抽（转下页）

74

谁如果按照艺术来创造事物，那么他就和所有学者一起感到了自己的确定性；而离开艺术则很容易迷误，因为他仅仅依赖于他自己的自然本性。[1]的确，睿智的保罗，您也赞同我的这些观点，当您教导您的小王子时，您不是让他径直去钻研批判艺术；而是让他首先长期浸淫于大量事例，然后才学习就这些事例下判断的艺术。您的目的不就是首先要发展他的创造力，然后再培育判断艺术吗？那种创造和判断的分离无非源于希腊，这种分离也只是因为他们没有重视人的这种特有的认识能力，也就是创造力。凭借这种创造力，人才能够思考和创造相似之物。

我们在儿童身上——儿童的自然本性比较单纯，较少受到各种信条和偏见的腐蚀——就发现他们表现出了这种最初的能力，也就是发现相似性的能力；例如孩童称呼所有男人为"父亲"，称呼所有女人为

为何在希腊人那里论题法和批判法被区分开来

创造力是认识所特有的能力

这种能力在人的儿童时期就开始发展了

（接上页）象法则"或者"普遍法则"。但维柯的法则却是独树一帜的。因为它恰恰仅仅存在于对既定问题来说是独一无二的和特别专门的创造性应用中。因此，他的方法首先应该从论题法开始。我认为显而易见的是，一个人是不可能证明他的论题法考察是完全成备的。他只可能囊括迄今为止学术界所已经想到的那些"论题"。这样的话，一个人能达到的最好结果就是其他受过这项教育的人所达到的普遍共识。——英译本注

中译者认为英译者前面一半的理解是准确的。但是后面的似乎并非尽然。完全成备的要求不是绝对要求，维柯一直强调知识的整体性、理解的全面性，这首先是论题法的任务；其次又必须强调知识的正确性和准确性，这是批判法的任务。完全成备只是知识的目标，至于这个目标是不是能够真正达到，这就是另外一个问题了。另外，维柯除了强调这里所理解的学界共识乃至人类共识之外，更强调创造性这个特点。论题法并不是固定的模式，所以一个人能达到的最好结果是无法限定的，甚至学界最公认的几何学和数学，也只是训练创造力的敏锐的工具。——中译者注

[1] 参见维柯，《论我们时代的研究方法》最后一段。——中译者注

"母亲"，并创造出相似之物：

> 建造小茅屋，把老鼠套上小推车，
> 玩单双游戏，骑在一根长棍上。[1]

而不同民族之间各种习俗的相似性又产生了常识 (sensum communem)。[2] 那些为发明家们作传记的作家们记载了他们的所有艺术和所有便利，正是由于这些艺术和便利，才丰富了人类社会；他们更教导说，这些发现创造如果凭借的不是某种好运气，也不是人类的特意设想，那么就要靠即便无理性的动物也显示具有的某种相似性。[3] 下面的语言遗迹证明，意大利学派是知道迄今我们所说的一切的。因为 ratio（逻辑，理性）在经院哲学家那里被称为 *medius terminus*（中词），他们则称为 *argumen* 或者 *argumentum*（论据，论证，辨明）。[4] 但 argumen 和 argutus（敏锐）又有着同一词源 acuminatus（尖锐，敏锐）。argutus（敏锐）指的就是能够发觉相

何谓常识

相似性（similitudo）是一切发现之母

argumentum 这个说法从何而来

---

[1] 贺拉斯，《讽刺诗》(*Satire*)，3，II，247—248。——英译本注

[2] 参见《新科学》1744 年版，第 141—142 节。——英译本注

[3] 参见《新科学》1744 年版，第 217 节。后半句意译本、英译本以及中译本均有所出入。原文为：... aut forte fortuna, aut similitudine aliqua, quam vel bruta animantia commostrarint, aut homines sua excogitaverint industria, inventa esse. 意译本译作："这些发现创造或者靠好运气，或者是人们模仿了动物身上表现出来的什么东西，或者是人们通过研究构想出来的。"英译本译作："这些发现创造或者靠机会和运气，或者靠即使低等生物也可能认识到的某种相似性，或者是人们在他们的事业或努力中已经构想出来的东西。"——中译者注

[4] argumen 或 argumentum 源于动词 arguere，其词根为 *augus，意为光明，因而动词词义为照亮、带入光明，后引申为显示、证明、论证、用心灵之光推演等。而谁如果能够具有这种穿透性的、带入光明的能力，他就是敏锐之人（augutus）。——中译者注

76

去甚远，或者迥然不同的事物之间的某种相似关系（ratio），这些事物都在这一点上有着内在关联（cognatae）；同时忽略那些无足轻重的因素，并从遥远的环节（locus）中，寻求对于他们从事的事情有益的各种道理（rationes）。这就是创造力的范式（specimen），它也被称为 acumen（尖利，锐利）。[1]因而创造力是发现所必需的，因为一般说来，发现新事物不过是创造力的活动和成果。既然事情是这样，那就可以真似地推测到，古代意大利哲学家们既不赞成三段论（syllogismus），也不赞成连锁推理（sorites），他们在论说中用的是基于相似性的归纳法（inductione）。[2]而历史的逻辑也证明了这一点：最古老的辩证方法（dialectica）都是归纳法；还有相似性比较，苏格拉底最后一个用过；然后就是亚里士多德的三段论和芝诺的连锁推理。[3]但其

唯是 *arguti*（敏锐之人）

创造力又是什么
发现就是创造力的活动和成果

最古老的辩证方法就是归纳法和对相似性的采集

---

[1] 意大利语中 acume 一词就是创造力、悟性之意，即拉丁语中的 ingenium。acume 直接来自拉丁语中的 acumen，来源于动词 acuere，削尖、使锐利等。这一句的原文为：Arguti autem sunt, qui in rebus longe dissitis ac diversis, similem aliquam rationem, in qua sint cognatae, animadvertunt；et ante pedes posita transiliunt，et a longinquis locis repetunt commodas rebus, de quibus agunt, rationes：quod specimen ingenii est, et acumen appellatur。意译本译作："敏锐之人就是那些能在相去甚远和迥然不同的事物之内发现互相一致的共同基础的人，他们忽略眼皮下的个别事物，从他们要对待的事物的起源的遥远状况，抽引出该事物的恰当道理。所有这一切都是创造力的表现，并被称作 acumen（敏锐）。"英译本译作："敏锐之人就是那些能够发现相去甚远和迥然不同的事物之间的某种相似性或者关系的人，这些事物就在这一点上有着内在关联；或者指那些人，他们忽略显而易见的东西，能远远地想到当前所要讨论的事物的恰当联系。这就是创造力母亲的范型，被称作 acumen。"——中译者注

[2] 归纳法（inductio）：源于动词 inducere，这个词既有从特殊之物提炼出一般之物或抽象之物之意，同时按其本意则又是 in-ducere，也就是引入、导入，所以仿佛就是说归纳既是提出一般或抽象之物，又是导入一般或抽象之物。——中译者注

[3] 参见《新科学》1744 年版，第 499 节。——英译本注

实，运用三段论方法与其说是联结不同元素，还不如说是把种放置在属下面，并从属内部来展开属；而用连锁推理，也不过是把原因一个接一个地连接起来。故而，无论采用两者之中哪一种，都与其说是使两条直线以小于直角的锐角相交，还不如说是在一条线上直线前进；与其说是敏锐，还不如说是精密。尽管运用连锁推理比运用三段论更精密，但所谓的更精密，其实就是相对于各个事物的特殊原因来说，它的属的外延要更宽泛。笛卡尔的几何学方法就对应于斯多亚学派的连锁推理法。但之所以它在几何学中是有用的，是因为几何学允许这样做：在几何学中对名称进行定义，对可能性进行假设等，都是合法的。但这种方法是从三维科学和数目科学截取而来，如果要将它引入到物理学领域，那么与其说其用处在于发现新事物，还不如说在于合理安排已发现的事物。博学的保罗，您将会支持我的这些观点。要不然，为什么其他很多人都对这种方法非常精熟，但却都没有能够发现您所思考的那些东西呢？您确实在年纪稍长时，就已经倾心于最深邃的学问，并且您曾经和君主们以及一些位高权重的大人们（他们也是您的亲戚）打过关于一笔巨额财产的官司；[1] 在这段任务繁重的时间里，您还不分昼夜地辛勤耕耘，以尽到作为一个学问中人要尽到

何谓三段论

何谓连锁推理

何种论证方法精密，何种敏锐

为何几何学方法在几何学中有益于发现

在几何学之外则有益于安排已有的发现

---

[1] 这里译者按照意译本的理解翻译。原文为：vitam in iudiciis de ingenti re pecuniaria cum principibus et magnae potentiae viris，necessariis tuis exercitam habuisti. 英译本的译文虽稍有不同，但意思基本一致。对这种理解，译者心存疑虑，因为这一句还可以译作：您曾经和君主们以及位高权重的大人们［他们也是您的挚友（necessarius）］一起参与过巨额财产审判（iudicium）。译者认为这个理解更为合理。necessarius 既可以是亲戚，也可以是挚友、密友。iudicium 既可以是官司、诉讼，也可以是裁判、审判。但由于涉及历史事实，译者没有相关史料的佐证，故而仍尊重意译本的理解。——中译者注

的一切责任。您在较短的时间内所达到的学问成就，别人却要费尽一生心血才能完成。所以您千万不能因为谦虚，把您神圣创造力的成果归功于这种方法。最后我们要得出的结论就是，应该引入物理学中的并不是几何学方法，而是明证（demonstratio）本身。最伟大的几何学家都按照数学原理来考察物理学原理，例如古代有毕达哥拉斯和柏拉图，近代有伽利略。[对他们来说，]自然界的特殊现象应该用特殊的实验来进行解释，这些特殊实验本身又是几何学的特殊运作方式。在我们意大利，关注到这一点的是伟大的伽利略和其他一些卓越的物理学家，他们在将几何学方法引入物理学之前，就已通过上述道路，解释了无数重大的自然现象。而严肃的英国人就因为关注了这一点，于是他们就禁止公开用几何学方法教授物理学，如此物理学才能获得推进。我曾在我的演说《论我们时代的研究方法》中指出，这种物理学的弊端可以用创造力的培养来加以避免；也许那些沉迷于方法的人对此会感到非常惊异。但当方法追逐便利（facilitas）时，便会遏制创造力；当它预见真理时，却又会破坏求知欲。几何学使创造力敏锐，不是因为它传授了方法；而是因为几何学在应用于各式各样、各个不同的情况时，需要通过创造力的作用。所以我在那里强调要通过综合的方法，而不是分析的方法教授几何学；这样我们就会在构造过程中明证[真理]，这也就是说，我们不是去发现真理，而是要创造真理。因为发现是机遇的事情，而创造则是劳作的事情：正因为此，所以我才会强调，几何学的传授不应该通过数目，也不应该通过种属［即代数］，而应该通过形式；以便在学习过程中，即使不能很好地培养创造力，也可以增强想象力；因为想象力就是创造力的眼睛，正如判断力就是理智的眼睛一样。事实上，那些笛卡尔主义者——保罗，您确切地称之为"字面上而不是精神上的笛卡尔主义者"——尽管他们在字句上反对我们所说的东西，但事实上他们却在实行这些东西。他们承认，他们把一些真理当作标准来衡量其他真理，在这些真理中，除了从良知而来的真理，即"我思故我在"之外，其他作为标准的真理，无非是借用了算术和几何学的真理，实际上也就是借用了我们自己创造的真理。[1] 他们推崇这样的真理："真理都应该按照这种模式，例如三加四等于七，三角形两角之和大于第三角等。"[2] 这实际上等于是说，要从几何学来看待物理学；而如果谁要求这一点，那么他也就等于是要求："对我来说，假如哪一天物理变成了真理，那就是你把它们创造出来了；正如对人类来说几何是真理，只是因为人们创造了它们。"[3]

---

[1] 也就是说，笛卡尔的真理观也应该是以维柯的真实与创造相互转化这个真实标准为基础，并且可以从这个标准得到解释。——中译者注

[2] 维柯在这里犯了一个明显的错误。参见《维柯著作集》(*Giambattista Vico*: *Opere*, ed. Nicolini, 第304页, n.1)。——英译本注

[3] 拉丁文原文为：tunc mihi physica vera erunt, cum feceris: ut geometrica ideo hominibus sunt vera, quia faciunt. 意译本译作："当且仅当人创造了他们研究的物理现象的时候，物理科学才能算是真理；正如几何真理是真理，实际上是因为人们自己创造了这些真理。"英译本译作："当且仅当人们创造了物理事物，它们才能算是真理；正如几何［证明］对人们来说是真理，只是因为他们创造了它们。"这一句的最初形式出现于《论我们时代的研究方法》第四章，原文为：geometrica demonstramus, quia facimus; si physica demonstrare possemus, faceremus. 其意为：我们能明证几何［真理］，因为我们创造了它们；而如果说我们能够明证物理［真理］，那就是我们曾创造了它们。——中译者注

第八章 论至高无上的创造者

numen（神意）、*fatum*（天命）、*casus*（机缘）和 *fortuna*（运数）这四个拉丁语词，与我们前面关于真实与创造的论述正相一致，即真实就是事物本身的元素的采集，上帝采集所有元素，而人则仅采集外在元素；心灵的语词在上帝那里是本有的（proprium），而在人那里则变为非本有的；能力就是我们创造事物的能力，并且是我们正确而顺利地创造事物的能力。

第一节 论神意

诸神的意志被称为 *numen*（神意）[1]，仿佛至大至善的上帝以其创造本身来标示其意志，并且标示得如此迅速而轻易（facilitate），就像眨一下眼睛一样（nutus oculorum）。因此，狄奥尼修斯·朗吉弩斯[2]崇仰摩西，[因为]他用这样的话来庄严而崇敬地表示神的全能："他说了，于是就创造出来了。"[3]但拉丁人似乎用一个词就表示了这两个意思。神的善意（bonitas）凭意志（volendo）来创造事物，并且创造得如此轻易，以至于事物看起来就像是自然

---

[1] numen：同时有两个含义，一是眼睛示意的动作，二是神的意愿，即神意。维柯兼用这两个含义。——中译者注

[2] 朗吉弩斯，《论崇高》，IX。——英译本注

[3] 拉丁文原文为 dixit, et facta sunt，在《旧约·创世记》第 1 章中随处可见，和合本译为："他说，于是就如此。"但这一译法并未显示出 dicere（说）与 facere（创造）之间的字面关系。——中译者注

而然地存在一样。因此普鲁塔克叙述说，希腊人盛赞荷马的诗和尼哥马可的画，就是因为这些作品像是自然而然生出来的，而不是通过某种艺术创作出来的；所以我认为，之所以说这些诗人和画家具有神性，只是因为他们具有这种形象创造能力，而且这种神性的创造能力是一种自然。对人们来说，这种德性当然是罕有而卓绝的，而且它是如此难得，因而以至于罕见赞美。[1] 这种德性在我们意大利语中被称为 *naturalezza*（自然禀赋），而西塞罗将其定义为："一种自然而然涌流出来的天才（*genus*），因而在某种方式上来说是自然的。"[2]

为什么说诗人和画家具有神性

何谓自然

第二节　论天命和机缘

拉丁人把 *dictum*（言词，话语）看作是与 *certum*（确定，确实）同义的；而 certum 又与我们的 *determinatum*（确定，限定）同义；[3] *fatum*（天命）[4] 和 *dictum* 又相同；*factum*（为，做，创造）、*verum*（真的，真相，真理，真实）和 *verbum*（语

dictum, certum, fatum

---

[1] 拉丁文原文为 sit rara et praeclara illa virtus, tam difficilis, quam commendata，这一句有意呼应了斯宾诺莎《伦理学》(*Ethics*) 的最后一句。维柯似乎将斯宾诺莎判断的智性标准 claritas（清晰）转变成了他自己的人类普遍赞同的标准。斯宾诺莎是从卓绝（praeclara）到罕有（rara）；维柯则是从罕有到卓绝，再到赞美。关于这一段的其他可能材料见柏拉图，《大西庇阿篇》(*Greater Hippias*)，304e；《理想国》，365d。——英译本注

[2] 西塞罗，《论演说家》(*De Oratore*)，II，15，54，77。——英译本注

[3] 参见《新科学》1744 年版，第 321 节；也可参见第 137—141、163、325 节，在这几处，知识问题变成了把确定之物做成真的这个问题了。——英译本注

[4] fatum（天命）：来源于拉丁语动词 faris，意为言谈、说话。因此 fatum 就是预言、预测、神启，同时也就是神的意志，而神的言语也就是天命，即上天所规定的永恒秩序。——中译者注

82

dictum, factum, casus

词）相互转换。如果拉丁人自己要表达一个结果的迅速完成，他们就说 *dictum factum*（说到做到，一说就成）。此外，他们还把事物和语词的出落（exitum）[1] 都称为 *casum*（机缘，词格）[2]。因此，最初想到这些问题的意大利先哲们，就把永恒的因果秩序称为天命，而处于永恒的因果秩序中的事态，则是机缘。从而创造就是上帝之言词，而物之事态也就是上帝之言的词格，天命也就等同于创造，所

为何天命不可违逆

以他们认为天命是不可违逆的，因为已经创造的不可能是尚未创造的。

第三节　论运数

fortuna 的词源
fortus

fortuna（运数，运气）古有顺逆之说，而 fortuna 本身却源自古代的 *fortus*（善的，好的，强的），亦即好的。而后来为了区分两种运数，所以

何谓运数

才有好运之说。运数也就是上帝，他根据确定的原因，运作于我们的期望之上。[3] 是否因此古代意大

---

[1] 事物之出落成为结果、现象、显现；语词之出落就是格。天命必将出落而成为机缘或着落，不出落就不能显现。——中译者注

[2] casus：机缘、着落，通常译为偶然、情境、场合、案例等。casus 来源于动词 cadere，意为跌落、落下、垂下；后引申为发生、结束、失败、命运等。常取其发生、结束之意。这个词在拉丁语中还有语法上的意义，即词格，例如在拉丁言谈中，任何名词都必然处于某一格中，如主格、宾格、所有格、与格、夺格、呼格等。这个词非常难译，但考虑到维柯这里将其理解为天命之永恒秩序的事件或情境，是天命之外在显现或着落，与天命相对，故译为"机缘"较为妥当。例如中国人常说，机缘自天而降。具体事物处于机缘中，而不是直接地处于天命中，但机缘却又来自天命。——中译者注

[3] 这指示着后来在《新科学》中得到充分发展的一个主要理论。关于神意和目的的异生性，参见《新科学》第132—133、341—342 以及第1108 节。——英译本注

利哲学就认为，上帝的一切创造都是善的，他的一切真实或者一切创造就等同于善；而我们则由于自己的不义，即仅仅考虑我们自己，而不去考虑世界整体，因而将一切与我们相对立的事物都看作是恶的，而实际上它们却有助于大同世界，因而又是善的呢？[1]因此，世界就是一个自然共和国，在这个国度里，至大至善的上帝像君王一样照看着公共的善，正如每个个体都照看着各自私人的善。私人之恶也可能是公共之善；正如在由人民建立的共和国中，人民的福祉就是最高的法律一样，同样，在这个由上帝确立的宇宙整体中，运数也就是万事万物之王后，或者说，这就是照料着宇宙的福祉的上帝意志，它主宰着一切私人之善，或一切特殊的自然；并且正如私人的福祉应让位于公共的福祉一样，一切特殊的、个人的善也要从属于宇宙的保存，这样的话，自然的不幸亦可为善。

世界是自然共和国

在何种意义上运数是万物之王后

---

[1] 维柯将人类的缺陷与我们在世界中的不公正这个事实联系起来，但这仅仅是在我们自己的被创造本性这个意义上来说的。这就是为什么他总是从数学，从我们的自然本性或者创造能力转移到形而上学的原因所在。这也是笛卡尔的循环的维柯版本。他不同意斯宾诺莎和莱布尼茨的看法，他认为我们可以从上帝开始，然后就可以避开他。然而在伦理学的意义上，他似乎是同意斯宾诺莎的，我们的善与恶的标准就是我们自己的绝对化的、有限的个人利益的标准。我们只有看到什么是真理，以及我们的真理标准是如何与神的真理相联系的，才能最后发现，什么是善的真正标准。——英译本注

结　语

本文的意义

　　无比贤睿的保罗·多利亚，呈现在您面前的形
而上学，与人类的弱点正好相称，它既不承认人类
能认识一切真实，也不是说人类不能认识任何真实，
而只承认人类可以认识某些真实。这种形而上学也
与基督教的虔诚相称，因为它把神的真实与人的真
实区分开来，而且，它不是把人的知识看作是神的
知识的法则，而是把神的知识看作是人的知识的法
则。它同样服务于今天的实验物理学，这种物理学
的研究已给人类带来了累累硕果；因为根据这种形
而上学，我们只把那些能够通过实验创造出与之相
似之物的［思想］，看作是自然的真理。首先，您知
道，认识真实与创造真实是同一的[1]（第一章）：上
帝知晓物理，人类则知晓数学（第一节），因而独断
论者并不全知（第二节），怀疑论者也不是一无所
知（第三节）。由此，属在上帝那里，就是完美至极
的观念，因为上帝能够用它们来进行完美的创造；[2]

本书概要

---

[1]　认识真实与创造真实是同一的：原文为 verare, et facere idem esse,
意译本的理解与中译本相同。英译本译作 to make［something］and to
verify it are the same（创造某物与证实某物是同一件事，或者创造某
物与证明其真实性是同一件事）。verare 在拉丁语中的意思还可以是
"说出真理"，按照这个意思的话，那句话就是"说它是真理和把
它创造出来是同一件事"。在《新科学》中维柯用了另外一个与之类
似的词 avverare，参见《新科学》1744 年版，第 140 节，这个词可
能比较接近英译本对 verare 的理解，即证实某物的真实性。在该处
avverare（赋予真实性，使具有真实性）与 accertare（赋予确定性，
使确定或具有确定性）相对应。——中译者注

[2]　上帝并不创造真实，他只是使真实发生（正像其他的柏拉图主义者
一样，维柯通过逻各斯使他的哲学与《圣经》相互一致）。真实并非
创造而来，它是一切创造的原型。所谓关于自然的真实，即是说自
然是创造而来的。——英译本注

85

而在人类那里，则是不完美的观念，因为人类还必须在假设基础上，用它们来创造真理（第二章）。由此可知，根据原因求证，就是做出结果本身（第三章）。但是，因为上帝以其无限德性，创造了一切事物，哪怕是最微小的事物，所以各种实存就是活动和物理事物，而事物的本质也就是德性和形而上学之物。这也就是本文观点的主旨（第四章）。这样，在形而上学中，就存在着这样一种事物的属，亦即广延德性和运动德性，它们无差别地是一切不等广延和不等运动的基础；这就是形而上学的点，是我们从几何学的点的假设出发所沉思到的东西（第一节）；从几何学的神圣性本身中，上帝彰显自身最为纯粹的无限心灵；他自身并非广延，却创造广延之物，激起动力（第二节），构成运动（第三节），自身静止（第四节），却又推动万物（第五节）。

您可以看到，精神统率于人的灵魂之中（第五章），心灵统率于人的精神之中，而上帝则统率于人的心灵之中（第六章）。心灵通过思虑（advertendo）创造（第七章）各种虚构，其中，人的心灵通过假设（ex hypothesi）创造真理，而神的心灵则绝对地创造真理（第一、二、三节）。因而，人类被赐予创造力，就是为了认识或创造的（第四节）。最后您还可以看到，上帝（第八章）通过示意或创造来表达他的意志（第一节）：他言谈着（fando）——也就是通过其永恒的因果秩序——来进行他的创造；但我们却由于我们的无知，称之为机缘（第二节），并且从我们的用益角度，认为那就是运数（第三节）。我请求，在您的恩典下，收下我这篇关于意大利神圣思想的论文。因为它是献给您的，而您既是有着无比光辉业绩的、无比尊贵的家族的后裔，又以您渊博的形而上学修养，在整个意大利声名远播。

其中消解了一位博学的先生对我的第一部书《论意大利最古老的智慧》，或者《从拉丁语源挖掘而来的最古老的意大利人的形而上学》所提出的三个反对意见。

加姆巴蒂斯达·维柯先生的第一个答复（1711）

我极为尊敬的先生[1]：

围绕着我的第一本书《论意大利最古老的智慧——从拉丁语源发掘而来》，也就是形而上学部分，尊敬的先生，您以您崇高的威望，向我提出了三个极为重要的疑问：

1. 您看到，本书有一个非同寻常的观点，它是整个著作的首要基础，即我从拉丁语中提炼出的 *verum*（真实）与 *factum*（创造）、*caussa*（原因）和 *negocium*（事因）意味着同一件事情，但您想看到它的证明；

2. 您相信，我在写作这本小书的时候，只是想给出关于我的形而上学的一个观念或者简介，而不是我的形而上学本身；

3. 您在这本书中发现，有许许多多的观点仅仅是简单地提了出来，似乎还有待论证。

我仍将以我独有的简明扼要的风格，但却不失我对您应有的尊重，向您回答道：

1. 那些［哲学］用语，作为我的形而上学的首要的、独特的基础，在拉丁人那里确有我所说的那些意义；

2. 在这本小书中，我的形而上学在其整个观点上都是完整的；

3. 它并不缺少任何证明。[2]

---

[1] 可能是贝纳尔蒂诺·特雷维萨诺（Bernardino Trevisano，1653—1720）。温谦佐·帕斯卡利高（Vincenzio Pasqualigo）在特雷维萨诺就任威尼斯大学哲学系教授职位时所作的颂词说，"他是我们这个世纪最伟大的思想家之一"。参见《意大利学人报》（*Giornale de'letterati*，第五卷，第 355 页）。特雷维萨诺是一位虔诚的笛卡尔主义者，非常精通哲学问题，曾经作为《意大利学人报》的哲学评论员，反对过穆拉托里（L.A.Muratori）的《论完美的诗》（*Della perfetta poesia*）。——英译本注

[2] 尼科里尼认为，尽管维柯后面的两个反驳是对的，但他的第一个反驳却是错误的。参见《维柯著作集》（*Giambattista Vico：Opere*，Milan，Ricciardo Ricciardi，1953，第 310页）。根据尼科里尼，维柯求助于那两位喜剧作家是无用的，而且在语源学上也是错误的。但是尽管维柯在语源学上显得牵强附会，但他的意图却是非常清楚的，而且（转下页）

一、在拉丁人那里真实和创造同一，原因和事因同一

关于前面两个语词，在泰伦斯的《阉奴》[1]一剧中，菲德里亚（Phaedria）问多卢斯（Dorus）：

克莱安（Chaerea）脱下了你的衣服？

他回答道：

Factum（是的，事实如此）。

年轻的主人继续问道：

他穿上了那件衣服？

阉奴同样回答道：

Factum（是的，事实如此）。

如果是一个意大利人，在两种情况下都会将它翻译为：是真的（*È vero*）。

在《自责者》[2]一剧中，克莱默（Cremes）批评他的儿子克里提弗（Clitipho）说：

（接上页）与其形而上学的目的相一致。verum 和 factum 的语源学根据可以从两个标准判定是有效的：（1）通过与神圣知识的类比；（2）通过两位喜剧诗人泰伦斯和普劳图斯对这些术语的运用。前者的标准是分析标准；后者的标准则是描述性的，因为它举例说明了，在普劳图斯和泰伦斯的戏剧中，普通人是如何实际运用这些词汇的。对维柯本人的意图来说，他成功地证明了他的原则的有效性。神和普通人就是他所需要的所有的明证。——英译本注

[1] 泰伦斯，《阉奴》，707—708，IV，4，39—40。——英译本注

[2] 泰伦斯，《自责者》（*Self-Tormentor*），567，III，3，4。——英译本注

在昨天的宴会上你可真失态！

西鲁斯（Cyrus）则佯装附和长者的意见，肯定道：

Factum（是的，事实如此）。

但是，这里可能有人会说，在上面引述的出处中讨论的是事实，那里的 *factum* 一词很可以说成是我们意大利语中的"这事发生过"（*succeduto*）、"这事出现过"（*avvenuto*），以及其他类似的话。现在我们举出更多的例子，在这种言谈环境中，*factum* 只可能被理解为 *verum*（真的）。

在普劳图斯的《普塞多卢斯》一剧中，普塞多卢斯（Pseudolus）和卡里奥多卢斯（Calliodorus）轮番辱骂皮条客巴里奥（Ballio）；巴里奥则毫不知耻地承认，他们对他的攻击都是真的。

> 普：真无耻！
> 巴：是这样。
> 普：真邪恶！
> 巴：你说的是真的。
> 普：贱种！
> 巴：干吗不是！
> 卡：盗墓贼！
> 巴：确实是。
> 卡：大骗子！
> 巴：*Factum optume*!（说得太对了！）[1]

这里不能不理解为："非常之真"（*È verissimo*）。

---

[1] 普劳图斯，《普塞多卢斯》（*Pseudolus*），360—361。——英译本注
Factum optume 直译的话就是：做得太好了。一般用于祝贺，意思是很好、好事、做得好，等等。——中译者注

但是，至于另外两个语词，*caussa* 和 *negocium* 意味着同一件事情，在拉丁语中是极为常见的，而且我们意大利语中的 *cosa*（事情，东西，原因等）不是从别的地方，正是从拉丁语中的 *caussa* 而来。由此，我们用阴性名词 cosa 所表述的东西，拉丁人则转为中性；例如，当我们说 *buona cosa*（好事情，好东西）时，拉丁人则说 *bonum*（好事，好东西），语法学家们则将其替换为 *negocium*（事因）。但是，既然一个是语法学家的用语，另一个是拉丁人的用语，根据昆体良所作的区分，[1] 为了消除这里的困难，我们就到拉丁语作家那里去检验一番。法学家们直到极为堕落的时代，仍然忠实地保存了拉丁语的纯洁性，他们在听到 *caussa* 一词时，所形成的第一个观念就是 *negocium*，正如约翰·卡尔文在他的《法学大辞典》中告诉我们的一样。[2] 在那里，他们给初学者讲了关于契约（*contractus*）和简约（*pactus*）之间的一个主要区别。[3] 这就是说，所谓的契约必须包含着某种事因（negocium），即它们必须阐明某些事实行为（factum），例如借贷、商品价格的敲定以及庄严的问答仪式等，因而消费借贷、买卖、要式口约等都属于契约。相反，简约则是不包含事因或者某些事实行为的，而只是一个简单的行为协议，

[1] 昆体良，《雄辩术原理》，I，6，27。——意文本注
昆体良，《雄辩术原理》，III，3，4。——英译本注
[2] Calvin：别名 Kahl，所提著作为他的《法学大辞典》(*Magnum Lexicon Iuridicum*，Genova，1689)。"causa 是一个常用词语，可以理解为事件的起因或缘起（principium negotii），即当某人准备好，决意或准备进行诉讼。"再参看 *negotium* 词条："昆体良说，negotium 不过是人物、地点、时间和事因（causarum）的汇聚。negotium 与任何事因（causam）都密不可分。昆体良的这个定义用的几乎就是西塞罗的言词。causa 和 negotium 之间的这个区别应该就是这个定义。causa 和 negotium 之间的这个区别应该是在昆体良的书中第四部，即我们把 causa 理解为 negotium。"但实际上，昆体良是在《雄辩术原理》一书的第三部第五章讨论这些语词的。——英译本注
[3] 契约（contractus）：根据古典罗马法学家的观点，契约是指数个当事人之间创设债关系的法律行为；它由两个要件构成，第一个要件是作为债根据的客观事实或原因（causa），第二个要件是当事人之间的协议。在罗马法中，并非当事人之间的所有协议都可以被称为契约，实际上，只有那些产生债关系的协议才能算是契约；契约是最重要的债渊源。简约（pactum）则是指两个以上当事人采用法定契约形式以外的方式达成的协议，也被称为无形式简约（pactum nudum）。从法律上讲，简约不导致权力的转移，不产生严格意义上的债，也不产生诉权，除非它作为法律行为的附带约定或者其效力得到法律的承认。——中译者注

例如借贷承诺、买卖承诺、要约承诺等均属于简约；他们把它们称作"无形式承诺"（*nude promesse*）或者"无形式简约"（*nudi patti*），因为它们缺少原因（*caussa*），缺少事因（*negocium*），缺少事实行为（*factum*）。但有人可能会说，这是一种隐秘的言词艺术；而我们的意图则是要从通俗拉丁语中提炼出意大利的古代智慧。然而，他不能不满意于喜剧作品中数不胜数的例子，因为喜剧作品的语言是极为通俗的。这里我们选取泰伦斯的《安德罗斯女子》（*Andriana*）一剧中的一段话，在那里庞费里乌斯（Pamphilius）说，克莱默（Cremes）很高兴帕希布拉（Pasibula）继续做自己的妻子：

对于我拥有这样的妻子，克莱默毫无改变。

克莱默回答道：

这是最美好的事（*caussa*）。

我们在意大利语中会讲："这件事（*negocium*），这个结果是最好的。"[1] 关于这两个词之间所能作出的最精微的区别，是昆体良所提出的，他说 *caussa* 意味着 ὑπόθεσιν，*negocium* 则意味着 περίστασιν；[2] 也就是说，前者的意思是"最主要的事实或事情"（*grosso del fatto*），后者的意思则是"情况或环境"（*circostanze*）；但这并不能证明 *caussa* 就不具有我们所说的 *negocium* 的含义。[3] 如果我没有误入迷途，我相信，我已经充分证明，我并没有什么值得

---

[1] 泰伦斯，《安德罗斯女子》（Andria），949。——英译本注

[2] 希腊词 ὑπόθεσιν，原意为位于下者，居于下，引申为基础、根据、假设、前提、条件、出发点以及状态等。另一个词 περίστασιν 原意为位于周遭者，居于周围，引申为处境、环境等。——中译者注

[3] Lo che non fa che la voce *caussa* non importi ciò che noi *negocium* appelliamo，这一句在英译本中译作 This distinction does not make the word *causa* synonymous with *negotium*（这个区别并不能使 causa 一词和 negotium 同义）。这个意思与译者所理解的正好相反。——中译者注

羞愧的地方，因为我是遵循着诚信原则来对待学术事业的，任何一个没有援引出处、证据和权威而写作和思考的人，都必须具有这样的原则；这样您的这个怀疑就可以消解于您对我的信任的基础之上，这也是您对我善意的赠予。

二、我的形而上学在其整个观点上都是完整的

形而上学的完整观念乃是在其中要确定存在者（ente）和真实之观念，[1]或者用一句话来说，即那真正的存在者；因为它不仅是第一真实，而且是唯一的真实，所以对它进行沉思，就能使我们发现较低层次的知识的源泉和标准；这个唯一真实是对抗独断论者的，如果他们竟把它寄托于其他事物上；当然也对抗怀疑论者，他们毫不承认任何真实；这里所谈的是充斥着柏拉图形而上学的每一页的诸种观念，以及作为亚里士多德形而上学的永恒主题的共相或普遍；并且，因为在这门知识中，所要探讨的是第一原因，所以要确定它是何种原因；由于这里谈的是永恒不变之物，故这里占据主要位置的就是本质和实体的问题，并且分别阐明了何谓物体的本质和实体，何谓心灵的本质和实体，以及何谓超越于两者之上，并支撑和推动万物的实体。又因为这是一门给其他各门知识分派其特有对象或特殊题材的知识，所以从它之内诞生了数学的一些最基本的定义、物理学的原理、逻辑学中为了善用理性而出现的各种能力，以及伦理学中为了统一自身而来的各种善的最终目的。这些就是勾勒一个完整的形而上学的纲要的所有线索，其中，作为一个比例匀称的规划，作为一部出自基督教国家的公民之手的作品，就有必要使得我们所

---

[1] ente: 存在或存在者。应该说维柯并没有区分存在和存在者。ente 这个词有时可以理解为存在，有时又可理解为存在者。意大利语是从拉丁语中借用这个词的，即 ens，是动词 esse（是，存在，有，作为）的现在分词形式。——中译者注

有的题材和基督教能够和谐一致。[1]

此外，是拉丁通俗语言的词源研究将我推到这幅蓝图面前的，我也就是根据这幅蓝图来如此沉思这些问题的。

首先，我确定了一种能够与创造相互转化的真实，同样听取了经院派关于善和存在相互转化的观点，于是我把握到那唯一的真实存在于上帝之内，因为一切创造均包含在上帝之内；由于同样的原因，[我还认识到，]只有上帝才是那真正的存在者，在他心中，任何特殊事物都不是真正的存在者，而毋宁是那真正的存在者的安排。为了使这种异教智慧服务于基督教，我证明道，因为盲目的异教哲学家崇拜永恒的世界和永远外在地运作的上帝，他们把真实与创造看成是绝对地相互转化的。但因为我们相信世界是在时间中产生的，我们就必须做出这个区别，即在上帝之中，真实内在地（*ad intra*）与生成相互转化，外在地（*ad extra*）与创造相互转化；[2]只有上帝是真正的通晓（vera *Intelligenza*），因为只有他认识大全，只有神的智慧才是最完善的语词（*Verbo*），因为它表现了大全，将事物的一切元素都包含于自身之内，并且在包含它们的同时，从无限中赋予它们以方式或形式；并且在赋予的同时，也就认识了它们；最后在这种认识中，也就创造了它们。上帝的这种认识就是那整全的理性，而人则只拥有其相应的一部分（所以拉丁人说人是"分有理性的动物"）；由于人只有部分理性，故而人并不能通晓，但却能认识一切，这也就等于说，人不能把握无限，然而他完全可以进行采集。[3]

在形成了这个关于真实之观念后，我就将一切人类知识的起源

---

[1] 尼科里尼在这里《维柯著作集》(*Vico: Opere*，第313页）颇为恰当地指出，如果维柯从属于一个不同的国家，那么他有可能会对相同的题材作不同的处理。——英译本注

[2] 参见本书第一章第一节最末一段："这样说来，人的知识就是对神的知识的模仿。在神的知识中，所谓神认识真实，就是说他从永恒中内在地产生真实，在时间中外在地创造真实。"——中译者注

[3] 参见第一章。——中译者注

都归于此，并据此来衡量它们的真实程度，然后首先证明，数学知识是唯一导向人的真理的知识，因为只有数学知识的运作才肖似于神的知识的运作，因为它们通过某种方式，定义一定的名称，从而产生了它们的元素，并且通过公设，将这些元素延伸至无限，然后通过公理，创造了一定的永恒真理，最后，通过它们虚构的这种无限，并从它们虚构的这种永恒出发，来安排它们的元素，创造它们所传授的真理；人在自身之内就包含着一个想象的线和数的世界，并且以抽象的形式运作于其中，正如上帝以现实的方式运作于宇宙中。沿着同一路径，我继续确立其他知识和艺术的起源和标准。

因而，我并不是像您所说的那样，已经否定了分析方法，笛卡尔就是用这种方法达到他的第一真理的。[1] 我不仅肯定它，而且十分肯定，我甚至说，普劳图斯笔下的索西亚，仿佛受到欺骗的恶魔的引诱一样，受到墨丘利的驱使，从而开始怀疑一切，但他也满足于"但是我思，当然我也就存在"。[2] 不过，我说的是，"我思"只是关于我的存在的无可置疑的标志；但是，由于它并不是我的存在的原因，也就不能为我导出关于存在的知识。

然后我批驳了怀疑论者，我引导他们被迫承认，把握一切原因是可能的，因为他们所看到的那些结果，就是从这些原因中诞生的，并且我把这种对一切原因的把握归于第一真实。

接着我讨论了属或方式（guisa），或变易，或形式，或随便他们怎么说；讨论了种或摹像，或表象，如你们所要称呼的；我证明，所谓形而上学的形式，就是任何特殊事物从其起源被带入现实存在

---

[1] 这里维柯似乎过于敏感。评论者仅仅是说："他首先驳斥了笛卡尔，笛卡尔为他的形而上学所立的第一信条就是，在开始之前就必须不仅清除一切偏见，而且也要清除无论什么的一切事物。"——英译本注

[2] 此处原文为 Sed quom cogito, equidem sum，参见本书第一章第二节。普劳图斯的原文为 Sed quom cogito, equidem certo sum ac semper fui，即"但是当我思之时，确然无疑地，我是，并是我所是"。——中译者注

（attual essere）[1]的各种方式，无论是时间上的运动起源，还是地点上的运动起源。这样，任何个别事物的真正方式，都应该返回到上帝那里去寻求；结果就是，属的无限不是普遍性上的无限，而是完善性上的无限；而这也就是柏拉图冗长而又复杂的《巴门尼德篇》的简明而真切的要义；[2]人们应该以此来理解那著名的"观念阶梯"，柏拉图主义者就是从这里达到最完善和永恒的观念的。然后我又严格说明了观念给人类知识带来的好处，以及共相所带来的坏处，从而从效果上肯定了这一点。我又证明，物理学的形式是由形而上学的形式而形成的；相比而言，人们会发现前者是虚假的，后者是真实的；前者是摹像和表象，后者则是坚实和完满的。但是，既然印象（impronti）具有自身的显明性，我就来分析它们意味着什么：因为当我考虑在我的思想中的我的特殊形式的时候，我对它不会有丝毫怀疑；但是，当我深入到形而上学的形式的时候，我发现不是我在思考，而是上帝在我之内思考；这样我就理解到，在任何一个特殊的形式中都有着上帝的印象。然而，考虑到属在经院派那里被称作"形而上学的质料"，我指出，如果这个说法是在这个意义上来理解的话，那么它就是智慧的理解：即形而上学的形式并不具有任何特殊的形式，也就是说，它能够完全轻易而恰当地接受那些特殊的形式；因而我得出结论，这种形式就是圣人也必须使他们的思想与之相适应的形式。

然后我继续我的旅程，证明那真正的、唯一的原因就是能够产生结果而又不假外求的原因，犹如那种原因，它在自身之内就包含了它所创造的事物的一切元素，并且安排这些元素赋予它们以形式，

---

[1] 现实存在（attual essere）：现实的（attuale）一词来源于 atto（行为，行动），二者都来源于拉丁语动词 agere（意思极为丰富，基本含义是引导、带领等，主要含义包括做、运行、产生、管理、执行等）。其词根为 ag-，意为持续地行动、运作。从这个意义上来看，"现实"至少有两个要素，一是处于某种持续的行动或行为中，二是由某种方式引领，也就是暗含着某种方式，forma（形式）和 guisa（方式，用途）就是这里所说的方式。——中译者注

[2] 仅仅存在于普洛克鲁斯对《巴门尼德篇》的评注中。——英译本注

把握它们的方式，然后在把握其方式的过程中，创造出其结果。在形而上学中，由于对原因的这种定义没有确立下来，从而许多哲学家犯下了无数错误，他们认为，上帝就像一个工匠一样运作，产生物就是其他产生物的原因，而不是上帝的永恒心灵所把握的各种方式的成果。但也不能忽视这一点：即由于没有认识到那真正的原因，于是普遍的意见认为，数学知识是一种沉思默想的知识，而不是从原因求证的知识；然而事实上，只有它们才是所有知识中真正的运作知识，并且是从原因求证的知识，因为只有它们的运演，才是肖似于神的知识的。

直到这里，才形成了我们的形而上学的主要部分，紧接着要讨论的是所谓的形体，进入"本质"这个广泛领域。凭借着几何学的真理之光，向着人类知识的一切光芒的源泉，也就是向着形而上学而燃烧，我揭示了本质是由某种不可分的实体所构成的，这种实体无非就是一种无限定的德性或者宇宙的动力，它产生并支撑着一切具体事物；因为无并不能开始，也不能结束存在的东西；而所谓的分割，在某种方式上就是结束，因此形体的本质就是保持形体广延的无限定德性，这种德性无差别地是一切无论如何差异的广延事物的基础；同样，它本身也是运动的无限定德性，并无差别地是一切无论如何差异的运动的基础；这种德性就是卓越地存在于上帝之中的活动。由此就有了这种完美的对应关系：即上帝、质料和形体分别对应着静止、动力和运动；上帝是最纯粹的活动，因为处处完美，从而享受真正的静止；质料则是能力和动力；形体之所以运动，是因为它们是由在每一个点，因而在每一个时刻都产生动力的质料所构成，并且各种动力之间也由于各个部分的连续性而相互对立：因为运动无非就是受阻的动力，如果它能够展开自身，那它就将无限运动下去，直至自身静止，也就是说返回到它所从出的上帝那里。由于所有这些原因，当这种实体作为维持广延的德性时，意大利的古代哲学家们称之为 *punctum*（点），而当这种实体作为维持运动的德性时，他们称之为 *momentum*（时间，时刻）。他们把这两者看作同一个东西，而且是不可分割的东西。在芝诺的点这个问题上，我以这种方式为意大利哲学作了辩护，并且清除了亚里士多德以及他的追随者笛卡尔对它的恶劣评判；并且我揭示说，这些点远远不同于迄今为止人们所争论的东西：即物理形体并不就是由几何学的点所构成，所以这里就有了那个很有名的反对意见："点上加点并不造成广延"；但是，由于几何学的点被定义为没有部分的点，从而向我们证明，线可以被其点均等地分割，要不然，线就是不可衡量的。这样，在自然中就存在着一种不可分割的实体，作为非均衡的坚实的广延物体的基础。所以，几何学的点就是肖似这种形而上学的德性的一个范例，这种德性是广延的基础，并含有广延，故而芝诺将它命名为"形而上学的点"。正是因为有了这种肖似性而不是其他，我们才能思考形体的本质，因为我们所拥有的人类知识当中，能够以肖似于神的知识的方式来进行运演的，除了数学知识之外，并无其他。

这一认识序列引导着我去思考时间和运动，只要尚处于形而上学范围之内。我证明，广延事物并不自生动力，但是确实运动；因为点就是运动的原则，而运动的原则又是时间。

自然之中并不能给出直线运动，但是动力却遵照直线运动，并且运动就是由遵照直线运动的动力所构成。想象一个物体在虚空中作直线运动，那是充满着 [经院哲学的] 假想空间的错误思想的结果；因为物体不仅不能在虚空中作直线运动，而且根本就不运动，甚至根本就不存在，因为只要形体持存，并且作为形体而存在，那么宇宙也就以其充实维持着它，并且将它纳于其充实之中。

在自然之中并不存在静止。因为动力就是自然之生命，而动力绝不静止。

最后，运动绝不传播。因为运动就是运动的物体，运动的传播只有在物体相互渗透的时候才有可能。假设一个被移动的物体自身携带着施动物体的全部或部分的运动，比假设它们之间的引力还要［荒谬］得多。

在讨论了"广延实体"和"运动"之后，就过渡到对"思维实体"的讨论。这里谈到了"灵魂"，亦即生命，谈到了"精神"，亦即感知，以及"气"，亦即以太（拉丁人所说的灵魂）。我阐明了血液之气乃是生命之载体，而神经之气则是感知之载体。不是神经的运动必须归于血液（你们误认为我这么想），而是血液的运动必须归于神经，并且归于心脏。而心脏则是一个完整的肌肉组织，是一个网状工程，有着各种各样的无数微神经元。

我尝试说明，意大利古代哲学家已经知道并且肯定关于无理性者的灵魂这个看法，他们称 *brutum*（无理性者）为不动者。

我分析了精神的居所，也就是它履行它的职责的主要地方，我将它置于心脏。

这样，在说明了这两种实体之后，我接着来考察心灵实体或者思维实体；在这个问题上，著名的马勒布朗士坚持上帝在我们之内产生观念，这等于是说上帝在我们之内思考，这其实也就承认了笛卡尔的第一真理，承认"我思故我在"之为真理。然后我又讨论了人类意志的自由和神意的不可变更，以及两者如何才能和谐一致。

然后，作为这些讨论的附录，呈现在我面前的是精神的各种能力；既然能力就是运作的灵敏才能，我就这样来理解它们：精神以其各种能力，创造它们各自特有的对象：看创造颜色，闻创造气味，听创造声音，以此类推。

我讨论了记忆力和想象力，并且肯定它们是同一种能力。

然后，至于从这些原则而来的特殊的认知能力，我将它称为创造力，因为人们通过这种能力来联结各种事物，而这些事物在那些没有得到创造力的青睐的人看来，却似乎没有任何关系。人类的创造力就是艺术世界的自然，犹如上帝的创造力就是宇宙的自然。据上所述，我又谈论了人类心灵的三种运作，并且提出三种艺术来约束它们：论题法、批判法和方法。注意，我这里说的是"艺术"，而不是您所等同的"能力"，因为能力是被艺术所引导、制约和保证的那个能力。至于这里的推理方法，我认为综合法优于分析法，因为前者讲的是创造真理的方式，而后者则是在摸索着寻找真理。

最后，我终于耽于沉思那最高的创造者；我揭示出何谓"神意"，因为他以他的示意，或说得更好一点，以他瞬间的运作来表达他的意志，以他的创造来言谈，所以说，上帝的作品就是他的言谈，也就是所谓"天命"；由于事物的结果出于我们的意念之外，所以就是"机缘"；又因为他所做的一切都是为着宇宙之善，也就是"运数"。

从这种形而上学中，我零散地说明，几何学和算术分别取了其中两个特定的不可分割的虚构物，前者取的是能标画的点，后者取的是可以倍增的一，正是在这两个名称定义的基础上，数学才建立了它整个的论证大厦。

同样，力学也从这种形而上学中汲取了不可分割的运动德性，即时间或者动力；通过设想这种动力存在于特殊形体之内，力学将自己建立在它的机械的基础上。

物理学从中汲取了形而上学的点，也就是不可分割的广延德性和运动德性；它就是从作为力学名称或机械名称的点和时间出发，来开展它对它的特有对象亦即运动物体的研究的。

伦理学从中汲取的则是关于圣贤的完善心灵之观念，这种心灵并不为任何特殊的观念或印记所定形，它通过对人类生活的沉思和实践，把自身陶冶得像面团一样无比柔和，以便能使自身易于接受事物的各种印象，以至最远最末的情况。正是从这里诞生出圣人的积极从容（indifferenza attiva），养成他们把握纷纭芜杂的事务的能力，养成他们的行为的明智练达，判断的恰如其分，最后，他们能够如此恰当地言谈行事，以至于你只要另谋他途的话，就不可能在言谈举止上更为合宜；所以人们不遗余力地称颂智者圣人不可磨灭的名言和事迹。

也正是从同样的形而上学原则出发，人们断言和肯定了数学的真实性，并且解释了人们之所以普遍一致地满足于数学论证的原因；因为在这个领域，人们自身就是他们的活动结果的全部原因，他们自己就把握着他们所有的活动方式，从而在认识真实的同时就创造了真实。

也正是从这些原则本身而不是其他，可以解释为什么人们安于物理学，因为它通过实验让我们看到我们所思考的东西，同时这些实验又能够给予我们类似于自然现象的现象；由此可知，物理学满足于现象，而形而上学却理解其原因；由创造力之花所推动的理论力学，就致力于发现那些相似性。

但比一切其他事情都重要的是，它还服务于我们的基督教神学。在我们的基督教中，我们承认一位完全无形体的上帝，在他之内就包含着具体事物的一切德性。在上帝之内，这些德性就是最纯粹的活动，因为只有他才是无限的活动。在任何有限的事物中，无论多么微小，都显示着他的全能。因而，他就是一切中的一切，并且是一切中无论多么微小的部分中的一切。

这就是我的形而上学的一个概要，或者更好地说，是它的精神，它非常简练，却又全面；但一个概要并不需要等同于整部著作。每一个学者都可以从这里轻易而准确地把握到，所有这些要素是如何在一个完整的形而上学体系中协调一致的；而不是断章取义、混淆错乱，使那些并未读过我的这本小书的人产生这样的看法，即我的形而上学只不过是一个概念。不仅如此，用您自己的话，是因为"我的每一行、每一页都塞满了无数的思考"，才使得您形成了这样的判断；我确实有许许多多的思想，但我并不是想着仅仅给它们做一个简单的勾勒，而且无论它的内容如何广博，总是用几行字描绘出来；事实上是，我想要成功地奉献出一部完整的作品。我要请您原谅，我可能心有余而力不足；但您却似把我看作这样一个人，他想要用宏伟的标题来唤起学者们的好奇心，然而最终却又背叛了他们的期望。然而无论其原因如何，我必须并且也很愿意对您——我极为尊敬的先生——作善意的理解，即对您来说，由于这本小书篇幅不大，因而给您的感觉是，它无非给出了一个概念而已。但您也会理解到，对国家的文化教育有所贡献的作家们可以分为两类：一类意欲面向青少年，而另一类面向学者。面向青少年，有必要从解释最初的术语开始，清楚阐明他人的观点，准确说明他们的理由，无论他想以此作为其立论的根基，还是想要对其进行批驳反对；然后再提出他们的关键问题，并且阐明其所有结果，直至得出最终的结论。这样的学者必然卷帙浩繁，在评价他们时，不仅应该，而且必然要忽略许许多多东西，也就是全部他人的东西。面向学者的作家不愿意额外加重他们的负担，也不愿勉强他们为了阅读自己的些许作品，就必须重新阅读他们曾经在他人那里已经读过的东西；因而他们写出的作品精悍短小，然而却满是自己的独到见解。我渴望能被列入第二类；至于我是否做到，那就由学者们来评价了。如果未能如愿，可能是因为我的形而上学的主题是形而上学的点，而您可能会对此不屑一顾，或者毫不赞同，并在这种意见中漠然随之而去，仅仅说一声"他讨论的不过是形而上学的点而已"，此后再也不发一言；因此在您看来，我的这本小书只不过是某个概念而已。但我现在的这种讨论方式成了是人在说话，而不是事情本身在说话了，这是我所不乐意为之的，所以我宁愿来回答您的第三个疑问。

三、所提论点无一缺乏证明

您提到说，在您看来，书中有许许多多的论点尚需论证。这是一个过于普泛的判断；对于严谨持重之人来说，如果针对他们而来的不是具体而确定的反对意见，他们是不屑于回答的。但虽然如此，为了表示我对您应有的尊敬，我还是将对本书作一检查，来看看我们能否从中发现某些欠缺论证之处。

或许有一个地方是：事物元素的包含者，事物形成的方式，以及相应的事物本身，都并不证明自身就是心灵；或许某个异教哲学家会说，这不过是一个永恒的自我运动的物体。

对他的回答就在于，我曾说过，一作为数的德性产生数，但本身并不是数；同样，点作为广延的德性创造广延，但本身并不是广延。现在我还要再加上这一论断：即动力作为运动的德性，它产生运动，但本身却并非运动。

但他可能会反驳道：其实并不存在除广延和运动以外的概念；因为尽管在广延观念之前，他已经有了关于他的思想的观念，然而思想本身就是构成人的存在的一种特殊运动；故而，我们并不能用除了广延和运动以外的其他原则来讨论其他事物。

即使是这一点，我们的书中也有答案。我们曾指出，亚里士多德的失误就在于，他形而上学地通过潜能和无限的德性来处理物理学，而笛卡尔则用物理学的方式，通过活动和有限的形式来对待形而上学。两者的错误基于同一个原因：即两人都采用了完全不相适合的方法，来对待他们的研究对象。因此，芝诺并不直接将一个引入另一个之中，而是以几何学作为中介，因为只有几何学是处理无限和永恒的有限之物的。[1] 他就是在几何学的帮助之下进行思考的。因而，本质就是一种存在的理性（ragion d'essere），因为无既不能开始也不能终结存在者，相应的结果就是，本质也不能分割，因为分割本身就是某种方式的终结。所以形体的本质是由不可分割之物构成的；然而形体却是可以分割的，故而形体的本质就不可能是形体，而是非形体的他物。那么它到底是什么呢？是一种含有、维持和保

---

[1] 几何学所处理的有限对象之所以是永恒的，是因为它们是被规定的观念（ideal）；由于它们是观念，所以它们在完美性上来说就是无限的。因为既然在自然界中并不能证明绝对完美的三角形的存在，几何学观念就是我们的相似性的无限运作的界限。——英译本注

持物体的不可分割的德性，它无差别地是物体的各差异部分；它也是一种实体，对此，只有通过肖似神的知识的人的知识的各项原则，才能够合法地讨论，也只有这种知识才能揭示人的真理。伟大的伽利略在他的第一本书《关于两种新科学的对话》中，就是沿着这条道路对此进行思考的，他为自己极其引人入胜的论证所逼，不得不迸发出这些话来："这些困难的产生就在于，我们以我们的有限理智来探讨无限之物，并且将我们赋予有限之物和既定之物的属性赋予它们；我认为这并不恰当，因为我觉得，这些有较大、较小和相等之分的属性，是不适合无限之物的，因为关于无限之物，我们并不能说何者较大，何者较小，或者相等。"[1]

而且在前面不远处，他就坦率地承认，他迷失于"无限之物和不可分之物之间"了。伽利略崇仰用几何学眼光来研究物理学，但却并不利用全部的形而上学之光，所以他把不可分者看成是异于无限之物的，谈得更多的只是无限之物。在事物的一切有限部分之中，并不存在多个无限，而是只有一个；无论这些部分多么不均等，它总是与自身等同。一是不可分的，因为一是无限的，而无限就是不可分的，因为它并没有可分之物，而无也不能够将它分割开来。

但我的反对者可能正在这里等着，并把这些观点作为突破口，他回答我说，所有这些都能够在一个无限的物体中得到很好的证实；至于它是不可分的，是因为并不存在可以分割的虚空。

就是他们的这个突破口，我也已经考察过了。因为无论我们如何沉湎于对一个无限物体的无边想象，一颗极小的沙粒总不是无限的，然而却又包含着一种无限的广延德性；正因为如此，您在对它进行分割的过程中就会走向无限。亚里士多德在其他事情上与芝诺

---

[1] 参见伽利略，《关于两种新科学的对话》(*Discorsi e dimostrazioni matematiche intorno a due nuove scienze, 1638*, in *Opere*, edizione nazionale, 第8卷，第77—78页)——英译本注
在此书中，伽利略主张自然之书以数学特征写成。中译本参见伽利略，《关于两种新科学的对话》，上海外国自然科学哲学著作编译组译，上海人民出版社1974年版。——中译者注

相左，但在这件事情上观点相同，我在分析这个现象时曾经说过，亚里士多德谈的是物体的分割，那是运动和活动；而芝诺谈的是德性，由于这种德性，任何一个微粒都对应着一种无限的广延。您现在来分割一颗沙粒，您会发现永远分割不尽；但有人因此就会说出这样的话来："沙粒是无限广延和无限大的物体"。这样说是没有经过思考的，因为与微粒相关联的观念是一个微小的广延，而宇宙之中却处处充斥着无限定的广延的观念。这也是我在很多地方曾经讲过的：想要用定形之物作为不定形之物的标准是不明智的。相反的说法才是合适的，即在沙粒中有这样一种东西，它在您分割沙粒的时候，提供并维持着一种无限的广延和无限的量；也就是说，所谓广大的宇宙就在一粒沙子之中，说的不是活动，而是潜能、德性。我想这就是宇宙的动力：它维持着任何一个无论多么渺小的微粒，但它并不是任何微粒的广延，也不是宇宙的广延。它是上帝的心灵，不含有任何形体，然而却生化感动万物。

但还有人会继续坚持说，思想和广延比任何其他几何学论证都具有更高的明证性，相应地，这些观念就应该是整个人类认识的标准。

对此我的书中也有回答，就在于我说"清楚分明地认知更可以说是人类理解的缺陷，而不是德性"；那里我们曾经证明，物理学的形式是明确的，只要它还没有和形而上学的形式相比；这个观点也在另外一个地方被肯定，即当考虑到我自己的时候，我可以非常确定地说"我思故我在"，但是当我把自己放在上帝之中的时候，由于他才是那唯一的真正的存在者，所以我发现我确实并不存在。这样，当我们思考广延和它的三维的时候，我们把抽象世界里的真理定义为永恒真理；但实际上是，

我们以我们的愚蠢企求上天，[1]

---

[1] 贺拉斯，《颂歌集》(*carmina*), I, 3, 38。——英译本注

因为永恒的真实仅仅存在于上帝之中。让我们来看看这个永恒真理："整体大于部分"；但是，当我们返回到原则的时候，我们发现这个公理是错误的，例如我们可以看到，圆周上所有的点都可以沿着直径引出一条直线与圆心相交，这就显示出，圆心点和整个圆周所拥有的德性同样多。所以结论是，谁如果要想在形而上学上有所成就，那么他就必然要在这门科学的沉思中丧失自身。

另外一个看起来似乎没有得到证明的地方可能就是：在绝对正确的神意之下，仍然存在人类的意志自由。但我想我不应该低估您的伟大才智，即当您读到我论证运动不能传播这一节的时候，而没有轻易注意到那里有一种相似性，可以用来解释这里的问题，因为对于这种不可理解的神秘，我们不可能有其他的思考。由此我相信，您也毫不费力地将我们对于运动和形体所思考的东西跟关于精神的东西相比照。因而，正如普遍的气的运动成为火、植物、动物等特有的真实运动，同时由于各自的特殊机制，这些事物又各自拥有其特有的形式，与此相同，神意也成了我们意志的特有的真实运动，然而又通过我们的灵魂，也就是我们每个人各自的特殊形式，我们的每个意愿都同时既是我们的真实而特有的意志，又是最高神的绝对正确的神意。

但我曾经说，拉丁人把无理性者称为"不动者"，所以看来他们对无理性者的这种认识似乎与这里相悖。

对此我可以回答说，他们之所以称之为"不动者"，是因为他们将无理性者看作是由气推动的，而不是自我运动；但是根据刚才的讨论可知，我们并不能因为由气推动，就排除了发自自我本身的运动。不过，我是不会因此支持下面这种说法的，犹如笛卡尔思想的最为忠实的诠释者们所看待的，他们把这看作一个极为美丽的寓言，并且仅仅为了使之与他织就的体系相一致。

当然您可能会觉得，物体不能自生动力这个观点仅仅是提了出来，但却并没有得到证明。这可能是笛卡尔主义的普遍观点将您推到这个问题面前来的，他们把"物体具有离心运动的动力"这个原则，作为他们的物理学的第一基础。

　　但宇宙的动力是唯一的，因为它是宇宙的动力；并且是不可分的，是中心，但在宇宙中却不可能找到；这个中心在它的各条方向线内，以同等的力支撑着不同的重量，并同时支撑和转动一切的特殊事物。这就是那努力（sforzarsi）实现各种事物的实体，并且力图运用最适合于它的最高潜能的方式，也就是最短的、笔直的方式来实现；由于受到物体的连续性的阻碍，它就通过迂回的方式来推动万物；无论在什么地方、以什么方式表现它的活动，它都会形成相称的舒张和收缩机制，通过这种机制，一切事物都获得了其各自特有的形式。所以并非物体具有离开中心的动力，而是中心以其全部力量支撑着事物。但是力学家们确实已经虚构了这种动力在物体中的存在，因为任何知识如果不从形而上学获取它的原则，就不可能真正地开始，因为只有形而上学这门知识才能给其他各门知识分配它们特定的研究对象，并且由于它并不能把它自己的研究对象给予它们，它就把关于自己的对象的特定形象给予它们。所以几何学从形而上学那里借取了点，用以标画；算术从中借取了一，将其倍增；力学借取了动力，并将其赋予物体。但是，既然用以标画的点不再是点，能够倍增的一不再是一，那么同样，物体的动力也不再是动力。

　　我不知道还能想到什么别的要谈，如果您或许并不怀疑本质是形而上学之物，而实存是物理之物的话。

　　我承认，实际上我并没有从拉丁语的起源上得出这个结论；但事实上，它确实是从那里而来：因为 existere（实存，存在，生存）的含义无非是 esserci（存在于此，有）、esser sorto（出现，涌现）或者 star sovra（处于上面，临近，超越），这我可以从拉丁作家那里找到上千处证明。所谓出现者，总是从另外一物出现；故而，出现并不是起源的特性。由于同样的原因，处于上面者也不是起源的特性；因为"在……之上"（sovrastare）意味着有另外的东西处于其下，然而所谓起源，说的并不是超越于自身的他者。相反，essere（是，有，存在）却是起源的特性，因为"是"并不能诞生于无。因此，晚期拉丁语作家们非常睿智地把真正的本质置于 *sostanza*（实体）之中，"实体"也就是处于其下者。但在这种关系中，实体考虑的是本质（essenza），而属性谈的是实存（esistenza）。关于本质，我们阐明，它就是形而上学的质料，也就是德性。故而，谁都可以自己得出我的结论：实体就是德性；属性就是实存和德性之活动。这里我不能不提到，笛卡尔在谈到他的沉思的时候，所用的言词是不确切的："我思故我是"。[1]但他本来应该这样说："我思故我实存（*esisto*）。"如果从实存的充满智慧的起源给予我们的意义上来理解的话，那么从他的实存到达本质的论证过程就会更短，即"我思故我存在于此（*ci sono*）[亦即实存]"。这个"此"（*ci*）将会立即使他唤醒这个观念："故而有着支撑（*sostenere*）我的东西，这就是实体（*sostanza*）；实体（*sostanza*）自身就具有支撑（*sostenere*）这个观念，而不是被支撑；故而实体是自由的；它也是永恒的和无限的；故而我的本质就是支撑着我的思维的上帝。"[2]所以，语言总是携带着丰富的含义，它们的作者就是智者圣贤，从而替我们节省了冗长的论证序列。由于同样的原因，还需要提到的另一点就是，笛卡尔企图从他的实存推论出上帝的实存。他在表达他的虔诚方面并不恰当，因为从我实存这个事实所得出的推论是上帝并不实存，而"是"（*è*）：从我们讨论过的形而上学的原则可知，与上帝的存在相比，我的存在是虚假的，因为我的存在并不在上帝之内，原因就是产生物

---

[1] 拉丁文为 Cogito, ergo sum，译作意大利语即 Io penso, dunque sono。这里强调了几个语词的区别和联系：essere（是，有，存在）、essenza（存在，本质）、esistere（实在，存在，生存）、esistenza（存在，实在，生存的名词形式）、esserci（存在于此，有，ci 即这里的意思）、sostenere（支撑，生养，维持）、sostanza（实体，本体）。——中译者注

[2] 从这里可以看出，substantia（意大利语 sostanza，英语 substance）这个词译作"本体"更合适，因为"本"就暗示着位于其下的东西。但译界通常译作实体，这里仍然循此惯例。——中译者注

的实存是上帝之内的本质。上帝并不存在于此（ciè），而"是"（è）；因为他支撑、维持和含有万物；万物自他而生，并且回归于他之内。

这就是为了满足您的愿望，我对在您看来尚需证明的许多问题所作的一些考察。我尚未看到其他问题；如果有的话，敬请诸位指正，但同时请考虑以下三个定义：

1. 我所说的"真正的原因"，指的是并不需要他物就能产生特定结果的原因；

2. 任何事物借以形成的方式，必须重演事物的各种元素是如何从其原初，以及被大全的一切部分所推动的；

3. 德性就是大全的动力，通过它，大全才产生和支撑一切的具体事物。

请您参照其中一个或者全部三个定义从头看起，看一看您的所有问题是否能够得到解决，然后再请赐文指教。

致以诚挚的敬意！

针对《意大利学人报》(*Giornale de' Letterati d'Italia*)，第八卷，第十篇，1711。

加姆巴蒂斯达·维柯先生的
第二个答复（1712）

我自己觉得非常高兴，也同样荣幸地看到，极为尊贵的先生，您在《意大利学人报》第八卷第十篇文章中，对我的答复作了批驳。在那篇答复中，我为我的第一本书《论意大利最古老的智慧——从拉丁语源发掘而来》中所包含的形而上学作了辩护。我的那篇答复是写给一位匿名的学者的，这是为了表明，我只是为自己辩护，而不是要同您作一番争辩；因为虽然在法国、荷兰以及德国，这种例子屡见不鲜，但我并不想在意大利开这个先河，[1]特别是与无愧于意大利学人之名的您，因为我恐怕他人会竞相效尤，对您的陈述和判断稍有不满，便起而攻之；还因为我并不确切地知道，是你们哪一位先生写出了那篇对我的小书的评述，而且就算我确切知道了，出于你们和您的考虑，我也不会公之于众，因为强行揭开一个意欲隐姓埋名，特别是他必须如此的人的面纱，并不是恰当的，这也是为了不致破坏学术自由，以保证一种好的学术机制完好无损，该机制支持对当代学人作实事求是的描述和公正不倚的判断；由于所有这一切原因，虽然你们完全有理由可以这么做，但你们凭着你们的善意，没有要求这位匿名作者以个人的名义来批驳我的答复；相反，你们以你们的集体的名义，也就是说以一个学术团体的名义，并且在你们的《意大利学人报》的一致支持之下，希望我作出我的答复，从而使我有幸能得到你们的关注，并与你们比肩并列。而实际上，我并不值得如此，不敢、也不能有此奢望。

　　不过您在文章开篇写道，我被写那篇评论的人激怒和冒犯了，

---

[1] 在欧洲学界的许多斗争中，默森（Mersenne）和笛卡尔之间、阿尔诺（Arnauld）和马勒布朗士之间、莱布尼茨和克拉克博士（Samuel Clarke）之间，以及莱布尼茨和牛顿之间的争论是标志着17和18世纪欧洲学界骚乱的几次大的争论。关于意大利的相似例子（维柯宁愿忽视它们并对此缄默不语），参见费希，《研究者学会》（Max H.Fisch, "The Academy of the Investigators", in *Science, Medicine, and History*, ed. E.Ashworth, London, Underwood, 第521、563页）。也可参见巴达洛尼，《维柯评介》。——英译本注

并且为您向我极其谦逊地提出的些许小小的反对意见所深深地刺痛了，这使我感到很惊讶。如果说我是这种如此暴躁和敏感的人，这与事实相差甚远；我也不知说些什么，因为在读过您的那篇文章之后，我确实感到某种轻微的感情刺激。但是，既然在这种情况下，自爱越是恭维自己，就越是自己的敌人，所以我并不想仅听一面之词；然而，当我来到马泰·艾基齐奥先生[1]面前——我从这么多人中选择了他，是因为众所周知，他是最受你们的研究会尊敬的人——我请他想一想，如果有人对他的作品这么评论的话，他会怎么做；他在任何其他场合都极其宁静，但他从容地回答我说，他也将为义务所迫，来说明他的作品的道理所在。所以，我并不是因为被某种冒犯和歪曲刺痛，而是因为我不想逃避我的义务，所以才决定为自己辩护的。

此外，对任何读过我的答复的人来说，看起来我所使用的方式除了尖刻之外，别无他物，这是因为我总有一种感觉，即如果一样事情属于科学范围之内，那么就必须使用极为庄重的方式来讨论；并且对我来说，如果人们为了坚持他们的根本不正确、或者很难说是正确的观点，不惜愤怒和发火，是一件极其严重的事情；并且我也看到，我们的习俗规定说，有权之人并不施以威胁，有理之人也不辱骂相加。除了心灵的劳作之外，哲学讨论最多允许这样，即精神为了时不时地从紧张的痛苦中得到缓解重振，因而开些令人愉快的玩笑，而且这些玩笑也不过是为了显示讨论者的精神祥和宁静，并非骚动不安；一旦我们要重归正题，需要的就是严肃庄重，只有这样，我们才能够文明地辩驳，而不是粗野地攻击，以便使哲学家能区别于大众，因为大众用他们的热情和愤怒来为自己辩护，而哲学家力求避免在探求事物时屈从于个人喜好。这是对我的品德的大致的辩词。

---

[1] 马泰·艾基齐奥（Matteo Egizio，1674—1745）：维柯的一位博学的朋友，维柯常与之讨论他的著作的为数不多的几个学者之一。——英译本注

现在我开始讨论问题本身。我想我可以首先请求您的善意的许可，允许我不跟随您的评论的顺序。我之所以这么做，首先是因为，我觉得逐行逐字追踪对手的文章的人，是争强好斗之人，他与其说是想要追寻真理，还不如说是想要把对手打倒在地。然而，要追寻真理，就不能亦步亦趋，而要绝对按照事情本身所允许的来做；其次，您自己也给了我这样的理由，因为您也没有跟随我在答复中所遵循的顺序。

我觉得您的整个批评包含了四个部分：

1. 斥责我对您的指责的划分，至于您的指责，用您自己的话来说就是，在我的那本书中所阐述的，不过是一种"形而上学的观念（*Idea*），而不是一种已经完备的形而上学"；

2. 反对我在那里对相关问题所作的思考；

3. 驳斥我对于 *verum*（真的，真实）和 *factum*（创造，创造物），*caussa*（原因）和 *negocium*（事因），以及其他语词所作的词源学考证；

4. 您认为，我本应该按照您所提出的处理方式，来追寻意大利人的古代哲学。

我觉得，我应该首先回答您在最后一部分所提出的问题，即关于我的处理方式；然后再为我对您的指责的划分作辩护；接着再证实我对那些语词的词源学考证；最后再确定我对于相关问题所作的思考。这是因为，本项工作首要的就是考虑我们的处理方式，我们的工作就是据此进行的；而词源学考证必须紧随其后，这些考证使我有机会思考相关的问题。

一、关于作品的处理方式

关于处理方式，您对我非常自豪地这样说道："最后，我们恳请那位博学的先生的善意允许，以便我们能够在这个问题上，谦逊地表达出我们的感受：这就是说，如果谁要研究什么是意大利最古老的哲学，他不应该在拉丁语词的词源和含义中来追寻，因为这条道路是极不可靠的，并且充满了成千上万的争论；他应该尽其所能地重新发现和发掘古代埃特鲁斯人的最古老的遗作古籍，因为正是从这里，罗马人才获取了他们自己的第一批法律，无论是国家政治法律，还是宗教圣律；然后，再根据这些古籍来追问意大利最古老的哲学。或者，至少他必须说明，哪些是这种哲学的原则，这种哲学由毕达哥拉斯从爱奥尼亚人那里传入意大利，不过被称为'意大利哲学'；而且，这种哲学将其首要的根基置于维柯先生所光荣而自豪地汲取其雄辩和学说的地方，还要在相当短暂的时段内，扩散到拉齐奥地区。"

不可否认，您关于罗马的礼仪和法律所讲的问题是极为高贵的愿望；但无论哪一个问题都面临着同样的甚至更大的不确定性。关于礼仪，宗教的神秘性使之陷于巨大的迷雾之中，而为了使宗教更令人敬畏，就必须极力保持它的神秘性，把揭示所谓神秘之物的权利保留给自己，而这些神秘之物之所以神秘，就是因为极难揭示。由此我断定，从古代的寓言中去追寻宗教也同样困难，因为国家的创建者们是从诗人那里取得诸神的观念，然后让他们的人民去敬畏和崇拜。[1]但谁都知道，在这项工作上，那些神话学家们花费了多少力气，最后仍然是成效甚少。[2]

很可能有少数王室法从托斯卡纳人那里传入罗马，然而，我们并不确知它们是《十二表法》中的哪些片断，这些片断区别于其中从希腊引进的十表法，这使得您所说的另一个问题的困难和争论一点也不少。[3]

最后，重复从爱奥尼亚人以及从毕达哥拉斯学派而来的哲学，

---

[1] 参见奥古斯丁，《上帝之城》，VI，V，瓦罗（Varro）。——英译本注
[2] 很可能是指培根的《论古代智慧》（*Wisdom of the Ancients*）一书。——英译本注
[3] 当然，这里的观点在后来的《新科学》中被否定了。——英译本注

并不是研究意大利最古老的哲学，而是研究希腊的一种较新的哲学。

我重述了那些流传给我们的关于它的论断的少数记录——当然这些记录也是极其稀少、极其晦暗的——虽然我承认，是的，它们来自毕达哥拉斯，但是我并不是说它们来自希腊，而是说，它们比希腊的哲学更为古老。[1] 关于这方面的论述，我在整个著作的序言中曾作了强有力的推测，即意大利文明比希腊更为古老，其原因就在于，托斯卡纳建筑艺术比遗留下来的希腊的四大建筑艺术都更为简朴；[2] 开端时的创造发明都极为简单，后来才渐渐开始雕琢和构造。因而我肯定道，[这种哲学来自埃及，] 因为当埃及帝国繁荣的时候，它将它的触角几乎伸到了整个东方以及整个非洲，关于这一点，如果不是杰尔马尼库斯，我们可能到现在都一无所知，他着意去考察那里的古迹，以及那里最古老的圆柱，发现圆柱上用象形文字雕刻了埃及的伟大历史。[3] 颇为真似甚至必然如此的是，埃及人那时统治着整个地中海，所以也就很容易在海岸建立起殖民地，同样，也把他们的哲学带给了托斯卡纳人。后来，这里就出现了一个伟大的王国，把从托斯卡纳（Toscana）到来佐（Reggio）的这段海岸地区命以意大利之名，自然而然，这里也传播着一种语言，而距离最近的拉齐奥地区的人民，则从这种语言中受惠最多。对此，我们还要加上那最为确定的知识，即托斯卡纳人的祭祀知识传到了罗马；[4] 说努马（Numa）去过毕达哥拉斯学派，那是令人难以置信的，就如同说这是真实的，即努马就是罗马宗教的创始人。

---

[1] 关于这里对毕达哥拉斯哲学的起源的极富想象力的论述，参见《新科学》1744 年版，第 93—95 节。——英译本注

[2] 事实上只存在着三种希腊建筑风格，即爱奥尼亚式、科林斯式和多利斯式。维柯也许错误地把托斯卡纳式包括进来了，应该排除出去。参见维特鲁威，《建筑十书》（Vitruvius, De Architectura, Book IV）。——英译本注

[3] 维柯的这句话并不完整。他所说的似乎是，埃特鲁斯人的智慧来自埃及。关于杰尔马尼库斯（Germanicus），参见塔西佗，《编年史》（Annales），II，59—61。——英译本注
英译者的这个判断是正确的。根据英译者补足。——中译者注

[4] 这个观点在《新科学》中也被否定了。——英译本注

由于所有这些原因，当我面对着如此众多的充满着深邃智慧的拉丁语汇，而且由于上面所讨论的原因，这些语汇的作者并非希腊人，我相信，一条崭新而可靠的道路展现在我的面前了，通过这条道路，沉浸于这些语言的源头中去，我们就能追寻到意大利最古老的智慧。鼓励我从事这项事业的是柏拉图所开的先例，在《克拉底鲁篇》中，他曾沿着同样的道路，尝试探讨希腊人的古代智慧；另外，瓦罗的权威也鼓励了我，因为尽管他在希腊学术方面造诣极为深厚，尽管他博览群书，称得上"最为博学，并且是罗马人中最为博学的人"，但在他的《论拉丁语言的起源》中，他却力图为拉丁语找出非希腊起源的任何其他起源，例如他宁愿说 *pater*（父亲）一词源于拉丁语中的 *patefaciendo semine*（从种或根显示而来），而不是源于希腊语的 πατήρ（父亲）。

　　现在，综上所述，我敢于断定，毕达哥拉斯并没有把他的学问从爱奥尼亚传入意大利；因为这是那些诡辩论者的习俗，他们为了从他们的艺术中赚取收益，于是四处周游，贩卖他们那空洞而自负的学问；正是因为如此，才给了柏拉图的对话录《普罗泰戈拉篇》以机会和荣誉。但真正引导那些哲学家们离开他们的祖国远游异邦的，却是他们想要获取新知识的渴望。这样，就像传说中柏拉图曾到达埃及一样，毕达哥拉斯也带着这个目的来到意大利，并且在那里学到了意大利哲学，最后成为伟大的学者。不过他可能更乐意定居于大希腊的克罗顿，并在那里创建他的学派。我在序言中已经有了这种感觉，那时我说："语源学研究已确证，拉丁人从爱奥尼亚人那里引进了很大部分优美的语言。"也就是说，爱奥尼亚海岸的居民们所重述的希腊词源，可以用于追寻意大利最古老的智慧，而那些意大利学派就是在他们中间繁荣起来的；因此，如果有从这里发源，并且蕴含着智慧含义的拉丁语词汇，那就应该看作是曾经从托斯卡纳引入大希腊的，并且在大希腊之前，在拉齐奥就已经有了。[1]

这样，我用这种语源学方法阐明了毕达哥拉斯的那个教义，即世界是由数构成的，直到今天，该教义还晦暗不明，无人问津；然后，我又沿着毕达哥拉斯的这个教义，解释了意大利最古老的哲学关于点的看法；芝诺的这些点后来在亚里士多德那里大大变质了。拉丁人混用 *punctum*（点）和 *momentum*（时刻，时间），他们把这两者都理解为同一个东西，同一个不可分之物；而 *momentum* 按其特有含义，指的则是"运动之物"。毕达哥拉斯说，事物是由数构成的，最终，数又可以还原为一；但一和点都是不可分的，然而它们却制造分割；前者构成了数，后者则构成了线，而所有这些都是处于抽象世界之内的。因此，在真正的和现实的世界里，存在着一种不可分者，但它却创造了所有那些给我们以可分的表象的东西。通过相同的方法，我探索到，我们最古老的哲学家们的准则之一就是，人在抽象世界中活动，就犹如上帝在现实世界中活动。既然如此，那么理解事物的产生的最为本原的方式，就是从几何学和算术出发，它们有所区别的地方，无非在于所要处理的量的区别：至于其他的，无非是一回事情。因此，那些数学家们，只要跟随着他们的倾向，或者更为恰当的感觉，都能通过线或数揭示同样的真理。

但您认为这条道路是充满困难而矛盾重重的，别人甚至可能会认为，它根本就是不大可能的，因为直到很晚，罗马人才开始领略文化的魅力，而我所想象的这种智慧语言如果存在的话，早就应该使他们无比博学了。

关于这个问题我在序言中已经预见到了，那里我曾说，由于这个原因，罗马人定是"从其他有学养的民族借取了这些言语，并不假思索地运用"。因为所有那些一直被归结为罗马人的幸运的东西，

---

[1] 在维柯的序言中并没有如此解释，因为序言中很清楚地肯定，爱奥尼亚和埃特鲁斯这两个民族比拉丁民族要古老，并且可以作为后者的老师。只有纯粹的某种顽固，才可能使维柯在读了评论者的文章之后，发展出了他的埃及假说。——英译本注

我将它们归结为这种智慧的结果，即他们懂得如何运用其他国家的学问成果，同时又维持着 [对这些成果的] 无知，通过这种方式，在他们中间保存了凶猛野蛮；在这段时间内，他们摧毁了迦太基之后，便建立了绝对强大的世界帝国。他们从托斯卡纳人那里借取了最为悲剧性的宗教，用波利比奥斯[1]的话说，这种宗教是人所能想象到的最具悲剧性的宗教；并且从托斯卡纳人那里，他们还学到了世界上独一无二的布阵艺术——这与我们的主题更为相关——关于这种艺术，任何一位对此非常精通的作者，都会说它是不可战胜的，然而这种艺术无非就是托斯卡纳人的数学知识的成果；他们也从斯巴达人和雅典人（世界上两个最为显赫的民族，前者以其德性，后者以其学问）那里学来了法律。尔后托斯卡纳人的统治和威名便销声匿迹，而且在法律上，罗马人与希腊再无沟通整整三百年，以为凭借己力就足以维持良好的秩序、宗教和法律，只要把他们当作不可侵犯的律令加以奉行就可以了；这样，就出现了他们对于程式极为严格的态度。由此，罗马人说着哲学家的语言，却没有成为哲学家。

所以，我所研究的词源并不就是那些语法学家所说的词源，正如其他人迄今为止所做的，他们带着其他目的，也考察了各种语词的来源变迁；但在很大程度上，他们从爱奥尼亚海岸的居民的希腊语提取而来的词源学，对我来说仅仅服务于这个论题，即埃特鲁斯人的古代语言曾经播散于意大利半岛以及大希腊以内的所有民族，而不作任何其他用途。但我还要沉思，为什么那些智慧之人的学者语言在群众中传播和使用之后，其概念就变得晦暗不明，甚至不可辨识。

这就是我之所以相信，我能够发掘什么是最古老的意大利哲学家们的智慧的奥妙所在。就拿您所反对的 *caussa*（原因）一词举例来说，这个词在哲学家那里的确切意思就是"所做之事"（*cosa che fa*）。罗马人把这个词也理解为他们所说的 *negocium*（事因）。我所

---

[1] 波利比奥斯，《历史》（Polybius, *Historiae*），56，6—12。——英译本注

要追寻的就是，意味着"所做之事"的这个词，过渡为意味着"所成之事"（*cosa che è factum*）这件事，是如何发生的。同样，我还要反思从原因中诞生的拉丁人所称的结果（*effectus*），而在其文雅的含义上，*effectus* 就意味着"完美地做成"（*factum perfettamente*）。我没有发现这些语词之间有些什么关系；但可以肯定的是，它们并不是偶然地被放在一起的。所以我可以说，最早把这些语词给予事物的那些智者们，他们必然有着这样一种观点，即原因就是包含结果在其自身之内的东西，并且与结果是同一个东西，而且是将结果完美地产生出来的东西；而这个东西绝对就是上帝所特有的。*genus*（属）在哲学家那里就是"分裂为种的东西"，而其通俗含义则是"方式"（*guisa*）或者"方法"（*maniera*）。相反，*species*（种）的通俗含义就是"现象"（*apparenza*），用哲学的话来说则是"属的部分"或者"个别"。所以我考虑到，在同样的这些语词下面，有着极为不同的东西：其中应该有某种关联之理，也正是从这里而不是别处，我发现拉丁语的智慧作者们曾有着这样一种观点，即那真正的一（uno）自身分裂为众多的现象统一体，因此这些多就是一的现象或摹像；这个一也就是方式，多就是以这种方式为基础的活动；前者是真实的，因为它就是本原，后者是虚假的，因为它只是肖像。

但是，即使有了我们所说的所有这些理由，仍然会有人惊奇，为什么生于养于这种语言的罗马人中，竟然没有一个人想到通过这条道路来追寻它们的源泉。这里我回答他：这些人也没有想到像哲学家那样去研究他们的风俗和习惯。那么，是不是一个异邦哲学家，例如普鲁塔克，对此的叙述就是错误的呢？[1] 现在让我们来消除这个令人惊奇的观点。早在罗马人培育他们自己的文明前好几百年，埃特鲁斯王国就已经灭亡了；拉丁语在文明时代本是统治语言，使意大利的其他小语种都黯然失色；罗马的伟大繁荣使得希腊的典雅

---

[1] 普鲁塔克，《论罗马人的财富》（*De fortuna romanorum*），316—317。——英译本注

都相形见绌，就像我们在瓦罗的著述中所看到的那样；正如通常所发生的那样，他们的幸福使他们飘然自得，就好像他们享受的所有福祉都是上天为他们而设。所以不仅毫不奇怪，而且，这也是一件必然的事情，即他们不会去反思我所反思到的东西。

现在请您将这两种道路放在一起，比较一下。其中一条是，异教世界中最古老的智慧民族是埃及人；他们的殖民统治遍及地中海沿岸；在意大利有强大的托斯卡纳王国，他们的语言也随着他们的统治而广泛传播；托斯卡纳人的建筑艺术比希腊的更为古老；他们的宗教更具有悲剧性质；他们尔后才传给了罗马人的军事艺术更具有智慧；智慧语言的作者们永远都被认为是智者；有数不胜数的拉丁语词不能显示它们的任何发展轨迹，但如果要承认我对于它们的起源所作的讨论，那么就要承认它们充满着深邃的智慧。走另一条路，您就应该看到宗教的神秘性（它绝不会轻易为人所知），以及少数几条难以确定的王室法，此外还有为数极少，而且极其晦暗的毕达哥拉斯的教义。然后您再判断一下，到底这两条道路中哪一条是更为明智的方法。

二、关于我对您所作的批评的划分 [1]

您重提我在我的第一答复中对您的批评所作的划分，您说您对我的形而上学的反对理由其实并不是三个，而只是一个，而且正是我所说的第二个，即我与其说是给出了一个完整的形而上学，还不如说只是一个形而上学的观念而已。所谓的第三个和第一个，只不过是第二个的理由，而不是跟第二条批评一起构成您的整体判断。为了更为清晰地证明您的这个命题，您还增添了下述理由：

"1.因为我们观察到，不少地方提得过于简短，而这些地方似乎

---

[1] 原标题为："关于我在我的'第一答复'中对您在《意大利学人报》第五卷第六篇文章中对我的形而上学的批评所作的划分。"现标题为中译者缩短。——中译者注

应该更为深入广泛地对待；

"2.因为部分观点有些晦暗，需要更为清晰地阐明；

"3.还因为有些观点仅仅是提了出来，而这些观点或者并不为读者所知，或者是在哲学家之间争论不休的问题，似乎还需要某种证明；

"4.（关于这一点，我们申明与第三点在道理上并没有什么不同，只不过是它的一个补充）因为作为维柯先生的形而上学的原则和唯一基础，他所提及的拉丁语词并没有他所赋予它们的那种含义。"

首先，我想我能够请您宽恕我的思维的缺陷，即当我全神贯注于另外一件事情时，却违反了关于正确划分的规则，因为我把有所区分的整个问题，一股脑地塞进我所划分的各个部分；我说我能够请您以您的谅解宽恕我的思维的这种缺陷，因为在您批评我这方面的缺陷的同时，您也作了一个划分，您起先在您的批评中说，有些观点"需要证明"，过于"简短"、"晦暗"、"仅仅提了出来，却没有证明"，这说的无非就是"需要证明"。在这些批评之下，您指的其实也就是在哲学家之间尚存的争论，以及某些语源学问题。

但我要坦率地承认，在读了您的批驳之后——您在您的这篇批驳中下降到了具体，如我判断的，下降到了一切您认为适合于对我构成反对意见的东西，所以——我承认，我要说，我所作的划分是有缺陷的。但之前，因为您的反对意见过于普泛，我没能猜想到，您的"观念"一词指的是纲要，即所说语词的起源和对所提观点的论证，尚缺乏详尽充分的阐明；此外并无进一步的他指。因为在那本书中，我并没有处理在形而上学中所要处理的所有问题（确实很多问题都没有涉及，而只是涉及了一些主要问题，至于其他，则是留给这方面的学者们，由他们根据这些原则进行推论），所以争论就局限于这个问题上了：哪些问题是形而上学中所要处理的首要问题。因而，当时我感觉这是相互矛盾的，就像某个人说："这栋建筑缺乏地基，而且因为没有建起所有那些必要的部分，所以更像是一个平面图或者构想，而不是一栋完成的大厦；就是许多建成的部分也尚未完成。”

正是由于这个原因，我对我的答复作了划分，如您所看到的那样；然后，我就着手概述了一种形而上学的观念，其主要和必要的方面都已完备，我的形而上学就是在此基础上做成的。但是，既然您现在已经确定，“观念”（idea）这个词有些含混，那么，我也就很乐意赞同您所说的，我的划分存在缺陷。

不过，对于您的这个解释，我还有义务要为所谓的“简短”、“晦暗”以及“那些在此仅仅提及，然而至今仍在哲学家中间争论不休的问题”作一些辩护。

关于简短，我想说的是，它不仅不是缺陷，相反还是美德。因为这里所讲的并非物理学，物理学需要自然事物的丰富而精确的历史，需要巨大的机械设备，人们必须跟随着理性，做成千上万的实验；这里谈的也不是几何学，几何学当然需要一定数量的名称定义，需要毫无异议（incontrastate）[1]的公理和合理的假设，然后通过一步一步的紧密而漫长的论证道路正确前进。我们所说的是形而上学，在形而上学中，人们所要认识和揭示的是人的心灵，这是最为纯粹和最为单纯的东西。就这个目的而言，人们仍然还可以观察到，这种方法是极为恰当的：简略地推出少数要点的沉思方式，比起能言善辩的传道士极为雄辩和解释详尽的布道来说，对于基督教精神的传播更为有利，因为人们通过那些少数要点，就可以深入自身净化灵魂了。正因为此，在我看来，笛卡尔给他的这些研究冠以“沉思录”之名，是非常睿智的，其中的主要观点他都极其简短地处理到了，以至于他的形而上学仅仅数页就囊括殆尽；正如您现在反对我的，他也是“用新的原则和新的方法，写出的大部分都是闻所未闻的东西”。故而昆体良的那个原则似乎并不是有利于您的，即“有时不厌其烦地说得过头，也比该说的不说承受危险，要更为有

---

[1] 维柯这里用的是 incontrastato（无可争议的，无人争辩的）而不是 incontrastabile（无可置疑的，颠扑不破的）。——英译本注

益",[1]因为他在那里讨论的是如何向法官陈述事实，而对于这些事实，法官是毫不知情的；然而当与内行讨论问题的时候，就应该遵循这个原则："与智者讨论，片言已足。"

由于所谓的"晦暗"生于没有对名称进行定义，我就在您提出反对的地方为自己正名。

最后，至于"那些在此仅仅提及，然而至今仍在哲学家中间争论不休的问题"，我就留给他们自己去作定论了，因为我的目的仅仅是在这本小书中奉献出全是自己特有的东西，因而，只要我已经证明了我自己的东西，那就十分满足了。

这里有一个例子。ingenium（创造力，智力）在拉丁语中被说成是 memoria（记忆，记忆力），泰伦斯的《安德罗斯女子》一剧中就有一个很好的地方，在那里，达佛斯（Davus）想要和米西斯（Mysis）商议一个巨大的计谋，他对她说道：

> 米西斯，现在我需要你
> 为这件事准备好你的 memoria（才智）和计谋。[2]

我们［意大利人］所说的 immaginare（动词想象）和 immaginazione（名词想象），拉丁人也把它称为 memorare（动词记忆）和 memoria（名词记忆）；进而，comminisci（动词创造、构造）和 commentum（名词创造、构造）就意味着 ritrovare（动词发明、发现）和 ritrovato（名词发明、发现）或者 invenzione（创造、发明）。[3]关于这个，值得一提的是《安德罗斯女子》一剧中的另外一个地方，在那里，卡利努斯（Carinus）在抱怨庞费留斯

---

[1] 昆体良，《雄辩术原理》，IV，2。——英译本注
[2] 泰伦斯，《安德罗斯女子》，722—723。——英译本注
[3] memorare（记忆）的词根是 smer-（记忆）加上辅音重复；comminiscor（创造，构造）则来自 cum-mens，也就是运用心灵或者思想，而 mens（心灵，思想）又来源于 meminisse（记忆），其词根为 *men-（思想，记忆）；因而其共同特征就是和记忆有关。——中译者注

（Pamphilius）的狼心狗肺和背信弃义时说：

> 谁又能够相信，谁又能够 *memorabile*（想到），
> 一个人竟然会天生如此疯狂，
> 他幸灾乐祸，将自己的舒服
> 建立在他人痛苦的基础之上。[1]

然而，创造力本来就是新事物的发现之父，想象力（fantasia）或者想象（immaginare）的能力就是诗性创造之母。但那些语法学家们没有注意到这一点，他们对于诗人们的想象女神说了许多远非真相的东西，比如他们把想象女神归结为诗人们的最大需要，即祈求想象女神的帮助，以使他们能让民众明白他们所叙述的事情；但实际上，他们是在祈祷发现新的东西。关于这些，我只要再一次指出下列证据就足够了：古代意大利人运用这些语词是具有这种深邃含义的，即他们认为我们的认识无不来自上帝。后来人们说，认识是要通过感官道路的，正如亚里士多德和伊壁鸠鲁所主张的；或者学习无非就是记忆，这是苏格拉底和柏拉图所错误地欣然接受的；或者我们的观念是天生的或共生的，犹如笛卡尔所沉思的那样；或者无论如何，这些观念都是上帝为我们创造的，就像马勒布朗士所宣称的一样。我乐意倾向于马勒布朗士的观点，不过，我还是把它们放在一边吧，因为我并不想在那本小书中处理他人的问题。

三、关于词源问题

关于这些语词的起源问题，您在您的批驳中说，您并不满意于我证明那两对语词的证据，并且对于某些其他地方也表示怀疑。首先，您不赞同普劳图斯的那个证据，在那里我将 *factum optume*（说

---

[1] 泰伦斯，《安德罗斯女子》，625—628。——英译本注

得太对了，直译就是"做得太好了"）解释为"非常真实"（*adprime verum*）；您批评说，巴里奥回答卡里奥多卢斯辱骂他"大骗子！"时说 *factum optume*，也就是"做得太好了"（*fu factum benissimo*），意思就是"做得完全有理"（*factum con somma ratione*）。

但我强烈地怀疑，优美的拉丁语言是否允许这种解释。其理由在于，如果真是这种感觉，人们会用 *iure factum*（做得有理），而不是 *bene factum*（做得很好）来表达；因为我们可以看到，在任何场合，*bene factum* 这句话描述的都是所期望之事发生了。所以在这两位喜剧作家作品中的无数地方，我们会看到，当一个人听到令人愉快的故事，想要对其表示欣赏和祝贺的时候，他会回答说"干得不错"（*bene factum*），或者"我要说，干得不错"（*bene，inquam，factum*），或者"蒙上帝之爱，干得不错"（*bene，ita me Dii ament factum*）；这在我们的意大利语中就是"我对它非常欣赏"（*io ne ho un gran gusto*）。这样的话，那句话最多可以如此解释：当卡里奥多卢斯辱骂巴里奥"大骗子！"的时候，巴里奥回答道："哦，您给了我多么大的乐趣！"

因此，如果沿着这种解释，您对它的另一个解释看来对您也没有丝毫帮助，即您认为那句话的意思是"是真的，做得非常之好"（*egli è verissimo ciò essere ottimamente factum*），并且您为了证明这种观点所引证的法布尔[1]（一位具有很好的亚里士多德式修养的学者）也同样如此。因为，如果巴里奥说的是"做得有理"（*iure factum*）的话，那么您的说法就是说得通的。不过，由于前面的一系列回答都是关于真实性的，"是这样"、"你说的对"、"干吗不是？"，那么最后他也会回答道："这是非常真实的，是真实的"（*egli è vero，ciò esser verissimo*）；人们想象不到，还有比这更为无用和空洞的陈述了。

---

[1] 法布尔（Honoré Fabri）：耶稣会修士，法国人。评论者在批评维柯的文章中引证法布尔说，任何陈述无论其陈述内容如何，都潜在地声称了陈述内容的真实性。也就是说，任何陈述之前都可以加上"这是真的"、"这是正确的"。——中译者注

您对我说的 *caussa*（原因）提出了反对意见，认为 *caussa* 意味着 *negocium*（事因）并不是出自演说家和法学家的考虑，而是出自形而上学家，其意义是在"原因"，特别是"有效的"原因的意义上理解的；因此，正如在西塞罗那里所看到的：

树木根茎的原因（*caussa*）就在于种子。[1]

或者在维吉尔那里：

能认识事物的原因（*caussas*）的人是幸福的！[2]

在这里，人们也许能够在拉丁语中替换 *negocium* 这个词。

以同样的方式，您希望我指出 *genus*（属）一词意味着物理学家们所理解的 *forma*（形式）这个结论的出处，以及 *species*（种）这个词意味着哲学家们所说的 *individuum*（个别）又是从何而来。

但我相信，关于您的这两个反对意见，我在讨论关于作品的"处理方式"的时候已经解决了。因为如果我按照您所要求的方式来提供它们的词源学证明的话，那我就是从拉丁语中来提取意大利的古代智慧，而不是从它们的源泉上来提取了，然而这才是我的主题。[3]

您对我反对较多的一个地方是，[您认为] *anima*（灵魂）这个词的"气"这个含义来自希腊人，他们把运动的气称作 ανεμος（气，风），而我却错误地将它当作是意大利哲学家的成果。但关于这个

---

[1] 西塞罗，《反腓力辞》（*Phillippica*），II，22，55。——英译本注
[2] 维吉尔，《农事诗》（*Georgics*），II，490。——英译本注
[3] 维柯在这里避免直接回答评论者的问题。他已经看到，无论在西塞罗还是在维吉尔那里，caussa 都不能与 negocium 相互替换；此外，也没有 genus 和 forma 同义的例子，species 在西塞罗《论题法》（*Topica*，7）那里的意思也不是 "*indiriduum*"，而是属分裂而成的限定部分。参见《维柯著作集》（*Gimbattista Vico*：*Opere*，ed. F.Nicolini，Milan，Ricciardi，1953，第 342 页）。——英译本注

问题，同样在我讨论作品的"处理方法"的时候已经解决了。因为从那里所作的证明可以很容易得出结论，即最古老的埃及人把具有上述意义的这个语词传到了意大利，同样也将它传到了希腊；这样的话，两个民族都运用了这个词汇，用不着在他们之间有什么交流沟通。

但我还需要否定您的另外一个观点，您认为，是卢克莱修从伊壁鸠鲁的花园把 *animus*（精神）和 *anima*（灵魂）这两个语词的区别，即"人由于灵魂而生存，由于精神而感知"，以及它们的区分带到了拉齐奥地区；您在这个陈述的基础上引证了他的无比优美的诗句，并且推论道，这是一个外来学说，而不是意大利的本土学说。

然而，我在讨论这两个语词的区分的时候说的是："精神和灵魂这两个词的区分是如此有名，即我们由于灵魂而生存，由于精神而感知，以至于卢克莱修声明该区分就是就是他的，就好像它诞生于伊壁鸠鲁的花园。"（第五章）"好像"（*velut*）这个词本来就意味着并非真切，其实，卢克莱修根本不可能从希腊学到这个词，因为希腊人用同一个词 ψυχῆς（灵魂）既表示前者，又表示后者；而且，当他们讨论不朽的时候，用的也是同一个词，然而拉丁人说的是精神不朽，而不是灵魂不朽。因此柏拉图的《斐多篇》宣称，他所探讨的是"精神的不朽"，但其题名却是 πεϱὶ ψυχῆς。不仅如此，卢克莱修还发现，自古以来，这两个语词在其哲学含义上的区分，是流传于罗马人之口的，比伊壁鸠鲁哲学中的这层含义还要早得多。

围绕着卢克莱修的诗句，现在只剩下补充一下，在那个关节点上，您又完善了下述意见："但是又有谁不知道，在拉丁人那里，*sentio*（动词感知，认识）和 *sensus*（名词感觉，感知）通常与 *intelligo*（动词通晓）和 *intellectio*（名词通晓），以及 *iudico*（动词判断）和 *iudicium*（名词判断）有同样的含义呢？"在此时刻，您也能够解决这个问题，只要您读到我本人在《论感觉》这一节里曾说过"拉丁人把心灵的一切活动都看作是感觉"，并且追寻了其原因何在。

但是，返回这些语词的词源，您曾凭借语法学家的权威，攻击了我对于 *intelligere*（通晓）的讨论，在那里，我把 *intelligere* 看作是"采集全部"和"明白地知晓"。然而，即使根据他们的词源学，我的观点似乎也并没有被打倒。因为，*intelligere* 这个词并不是来源于 *intus legere*，这意味着"内在地采集"，从这里您当然可以得出一个荒唐的结论，即"通晓是人所特有的能力，而不是上帝的"。这个词其实来源于 *interlego*，为了更加悦耳，就转化为 *intellego*，前面的介词 *inter* 的取意并不是"在……中间"，因而无法引申出"从诸多事物中选取较优者"，亦即"选取那真实的"之意；它的取意应该是增生和完善，就像在 *interminari*（严重威胁）、*intermortuus*（完全死去）[1]、*interficere*（杀人至死）、*interdicere*（公开颁布）等语词中一样。至于最后一个词，有些法律解释者们对此并不理解，他们在 *interdictum*（禁令）这个词的词源理解上离真相很远。

关于词源这一方面，最后的问题就是，不应该忽略您所称谓的"名称问题"，如果说论题法、批判法和方法被称为"艺术"，而不是"能力"的话。

因为正是从这里，而不是别的地方，拉丁人在将 ῥητορική（修辞）一词据为己有时遇到了困难。他们共同的看法是，自然本性、艺术和训练正好对此有所帮助。即自然本性推动着它，艺术引导着它，训练强化着它。ῥήτορες 在希腊人那里并不是"艺术的导师"，而是"演说家"。的确，如果他们没能掌握流利的口才，不能即席雄辩地为案件辩护的话，那就不值得尊重。因此，在我的书里，当我探究在这些语词的特性问题上必须考虑的各种精微区别的时候，对我最为重要的就是注意不能混淆它们，特别是当我专门将它们区别开来的时候，就更加注意这一点。因为从这里将导出一些重要的结果，例如其中之一就是，人凭借其每种特殊的能力，都会创造出该

---

[1]　通常这个词的含义为"几乎死去"或者"半死"。——中译者注

能力的特有对象。而这个结论，就可以通过前所未有的道路，为赫伯特男爵在《真理研究》[1]一书中的所有讨论奠定基础，这本书中的形而上学的主要论题就是，相应于任何一种感知，在我们之内都有一种新的能力被揭示和显示出来。

我将以我在第一答复中相同地方的结尾，作为这部分论证的结束语，您也是以此作为您的整个"批驳"的结尾的：阁下并不能把您的信任建立在我的断言基础之上；因为"今天人人都懂得这个道理：在哲学研究中，把一个人的认知建立在某个人的基础上，而不是建立在论证本身的力量和明确的基础上，那是极其危险的"。我之所以那么请求，是因为那里讨论的对象并不是问题和原因（这当然是要极为严肃地认真对待的），而是语词及其起源，在这里起支配作用的是它们的用法和权威。

四、对相关问题的沉思

我们终于开始讨论您对我在形而上学中所沉思的各种问题的反对意见。当然，这一部分比其他任何部分加起来都重要得多。因为关于我在第一答复中对您的批评的划分问题，所涉及的仅仅是个人的判断，这对于整个学问来说毫不重要，或者影响很小；关于处理方法和词源问题，也可能被看作是一种智力竞争，它通常在比较奇异的发现和较为严重的矛盾中，才具有较高的威望；然而我们的这个问题，却关系着人类知识的诸原则，它当然必须并且值得被认为是极为严肃而重要的问题。

---

[1] 赫伯特（Herbert of Cherbury, 1583—1648），《真理研究，它与天启、真似性、可能性和谬误的区别》（*Tractatus de Veritate Prout Distinguitur a Revelatione, a Verisimili, a Possibili et a Falso*, Paris, 1624; London, 1633）。但这本著作曾为伽桑迪所拒斥。参见尼科里尼，《维柯评论》（*Introduzione a Vico*，第 344 页）。——英译本注

尼科里尼在该书中证明了《真理研究》对维柯的形而上学的影响，特别是在"能力"这个概念上。——中译者注

但是在进入正题之前，我还是不能不表示我的遗憾，因为您一点也没有关注我在第一答复的结尾对您的请求，即在您对我提出其他责难之前，除了我已经提出和解决的问题，您还应该考虑到那三个定义：原因、动力以及方式，然后您再看一看，是否其中某个定义或者三个一起，能够解决您的问题。

现在您反对我说，我的话是明显自相矛盾的，因为在我"指责笛卡尔的分析法"的同时——他借此追寻他的形而上学的第一真理——却"又赞同了它"，结果是我"并没有反驳他，而只是责难他"。

以您的心平气和，我只要重复我在我所写的那本小书中的话（第一章第二节），就足以回答您的问题了。我承认，对于发现关于我存在的确定无疑的标志，笛卡尔的方法是好的，但在追寻我存在的原因方面却是无用的。在第一答复中，我把"原因"定义为制造某种结果而不假外求者。这样的定义的直接推论就是，知识就是对这类原因的认识（因而对事物的认识的标准就是使其在结果中实现），从原因求证也就是做成它；这是绝对真实的，因为它是与创造相互转化的，并且对事物的认识和运作就是一回事情。在我看来，这条标准是由上帝的知识保证的，这是任何真实之源泉和规则（第一章）；这条标准又使我确定，唯一的人类知识就是数学知识（第一章第一节），也只有它们才是唯一从原因求证的知识；此外，这条标准还使我对其他非科学的认识作出了区别，它们或者因为一条有着毋庸置疑的标志的道路而确定，或者由于良好的推理力量而可信，或者凭其有力的推测方法而真似。您想教我一种科学的真理吗？那么先提供给我一种完全包含在我之内的原因，以使我按照我的方式亲自理解这个名称，然后为我确定一个关于两个或多个抽象事物的观念之间的关系的公理，并且因而它们就包含在我之内；让我们从一个构造的不可分之物出发，然后到达一个想象的无限之物，这样您就可以对我说"作出关于这个既定定理的证明"，这实际上也就等于说"把你所要认识的东西做成真的"；而我呢，就在认识您给我设定的真理的过程中将它创造出来了，所以对我来说，也就没有任何怀疑的余地，因为我自己已经将它做成了。所谓"清晰而分明地认知"这个标准，并不能保证我获得的是科学的认识，因为将它运用于物理事物和行为问题上的时候，它就不能给我和数学知识同等的真理力量。这条做成所认识之物的标准给了我这种区别：因为在数学知识中我是在创造的同时认识真理的，而在物理知识和其他知识中却不是这样。但那些笛卡尔主义者会说，根据清晰分明的知觉，他们同样认识到，"只要有形体，那么就有三维空间"，就像他们知道"总体大于部分"一样。但我要问：为什么从这条数学公理诞生出了一种人人都赞同的知识，而从那条物理学公理诞生出来的定义，却遭受到伊壁鸠鲁主义者为了捍卫他们的虚空概念而提出的攻击？这种反驳并非是责难笛卡尔的分析方法，相反毋宁说是给它以公正；即我赞同它的有理之处，同时反对它被滥用的地方。

此外，您还反对说，在古代作家那里并没有找到任何词语，表明芝诺和斯多亚学派传授过我的形而上学的点。

我承认，事实上，我是在有机会从这两个语词 *punctum*（点）和 *momentum*（时刻，时间）（第四章第一节）来沉思这个形而上学的点的问题的时候，把我的思想转向了芝诺。因为我一直相信，既然在哲学研究中，完全依靠权威乃是盲目行走，而完全信任自己的判断是毫无保证地前进，因此，我们必须小心探究所谓的权威，为什么那些作家甚至最伟大的作家，能够导出这个或那个观点。一方面，我像所有人那样，有着对那位哲学家的极大尊重，特别是在形而上学问题上；另一方面，我要考虑他关于点的看法，亚里士多德对此的描述，实在是不大可能的：因为说形体由几何学的点构成，等于就是说一个现实事物是由抽象事物构成的。故而我着手严肃地沉思，到底是什么理由才能使这个判断显得颇有可能。从希腊我又注意到了意大利的毕达哥拉斯，他认为事物是由数构成的，然而，数在某种意义上来说比线更为抽象。所以，考虑到这两位哲学学派创始人在智慧方面所具有的可靠性，考虑到他们的权威和这两个语词 *punctum* 和 *momentum* 的含义，再综合我现在加上的这一点，即拉丁人所说的 *vis*（力，力量）也就是我们意大利语中的 *quantità*（量），而我们所说的 *essenza*（本质），他们则用 *vis*（力，力量）和 *potestas*（权能，潜能）来解说（第四章）；再加上哲学家们的共同观点，他们把本质看作是不可分割和不可变易之物；所有这些反思最后就着落于下述结论上来，即人在抽象世界中运作犹如上帝在现实世界中运作，我根据同样的道路，在本书开头已经沉思过（第一章）。综上所述得出的结论就是一个唯一的假设，由这个假设，形而上学能够下降到物理学中，这个假设就是数学知识的作用；几何学的点就是对形而上学的点的肖似，也就是肖似于实体；实体是真正的是者（cosa che è），并且是不可分割的；它以同等的能力给予我们不等的广延，并且支撑着这些不等广延。因为通过伽利略以及其他人令人震惊的证明，无论多么巨大的差别，只要将它们引回到它们不可分割的起源，也就是点上来，那么所有的差别都会消融和混同。因此，所有事物的本质都是上帝的具体而差别的永恒神圣德性，所以罗马人称之为"不朽之神"；我们则将所有这些德性和活动一起理解为并归于唯一的万能的上帝。如果我仅仅追随权威，我就会陷入亚里士多德对芝诺所作的歪曲描述中了；而如果我仅仅追随自己的判断，那么我就会忽视所有他人的看法了。您现在要我指出，有哪一位作家持有我对芝诺的这种观点。我呈现给您的是没有被亚里士多德歪曲的原封不动的芝诺，这当然不是不可信的，但却会遭到他人的恶意攻击，而且攻击得颇为有理。如果最后您不愿意接受这是芝诺的判断，那么很抱歉，我只能说这是我的判断；但是我给您的也仅仅是这个判断自身，而不依靠任何伟大的名字。

关于点，您要求有更多的解释和证明，而且您不理解连续实体和广延实体可以被分割成部分，因为广延实体确实是广延的，但这只不过是形体实体的广延，如果从其形而上学的概念上理解，它是

"由不可分割之物构成的"，并且"不允许更大或更小"，这与经院哲学的言谈方式相一致。

对我来说，我从来没有想过形体的实体能分割自身，但是它却是任何广延之物都要以同样的步伐返回其中的原则，无论该物体如何不等，以及如何分割自身，正如在那本书中我以最大篇幅的论证所力求阐明的（第四章第一节）。

但对您来说，"点"这个术语似乎既没有得到解释，也没有定义，因而晦涩含混。

但我对它下了定义，通过整个那部分讨论，我把它定义为这样一种不可分之物，它毫无差别地是一切现实的不等广延之物的基础，几何学的点绝对可以作为它的类似物。您要求我用它所特有的观念来定义，而不是通过相似的观念。但是形而上学并不允许我们用另外的方式来考察它的问题。因此就说它晦涩含混吗？但实际上它却明亮如光："形而上学真理就类似于此，它清晰透明，既不包含在任何界限之内，也不能用任何形式加以区分；因为它就是一切形式的无限的原则。而物理学之物却是晦暗的，或者说是定形的和有限的，我们正是在这种晦暗之中，看到了形而上学真理的光芒。"（第三章）在考察物理事物中合适于达到形而上学之光的唯一工具就是数学，它从有形之物和有限之物中，从广延形体中抽象出无限、无形之物，抽象出点，并且把点构想为不可分割的，也没有任何广延，然后从这样定义的点出发，创造出它们的真理。

还是让我们用您的话来说吧。"这个没有定义的术语，使他整个的讨论陷入可以说是显而易见的黑暗。"不过要加上这一点：对某些笛卡尔主义者来说，他们用物理学的眼光，通过活动和有限形式来看待形而上学问题，也就是说，他们相信，没有反思的地方，就没有光明。与这种缺陷正相反对的是亚里士多德学派的缺陷，他们用形而上学的眼光，通过潜能和德性来看待物理学问题，于是他们相信，那些晦暗的事物反而是光明。但我们要努力用正确的眼光来看待它们，通过活动来研究物理学，通过德性来沉思形而上学："亚里士多德没看到这一点，因为他将形而上学直接引入物理学：他从形而上学的属［即共相］出发，用德性和能力来讨论物理事物。笛卡尔没看到这一点，因为他直接将物理学引入形而上学，从物理学的属出发，用运动和形式来讨论形而上学事物。两种错误均应避免。"（第四章第一节）我们则将几何学作为中介，这是形而上学下降到物理学唯一可能的途径。

但您又批评道：这个时代的精细而良好的品位已经取缔了像"德性"、"潜能"、"活动"等用语；所以您认为，它们就像"同情"、"反感"、"隐秘的性质"等一样不可理解。

这确实是一个巨大的反驳，之所以是巨大的，是因为它根本不是一个反驳；因为当对手们撤回到纯粹由自己裁判的法庭里，说："关于你说的这个，我毫不了解"，那么他们就从对手变成了裁判官。但先请他给出一个关于实体的更好的定义来，然后再说"潜能"以及"活动"这些语词是"不可理解的"。他们把实体定义为"存在者"（*cosa che è*）、"实存者"（*cosa che esiste*）。不过我在第一答复中已经阐明，这种定义是如何地与自身不相适合，甚至违背自身：因为它混同了存在者与实存者，混同了存在（essere）与实存（esserci），混同了在下的支撑者和在上的依赖者，混同了实体（sostanza）和属性（attributo），最后还混同了本质（essenza）和实存（esistenza）。由此又诞生了许多并不确切的言谈方式，如："我存在"（*ego sum*），"上帝实存"（*Deus existit*），用意大利语来说，就是"我是"（*Io sono*），"上帝在此"（*Dio ci è*）；恰当地来说，是上帝存在，而我恰当地来说，是存在于上帝之中：经院哲学的用词就极为恰当："上帝以其本质而是实体，产生物则因为分有而是实体。"也请您教教我，那么从另外哪一种形而上学可以得到这样一条标准，通过该标准，人人都一致赞同那些几何学真理，既然那"清晰分明的知觉"并不能给予我们这条标准？因为当我们把前者应用于物理学的时候，对于自然事物的知识并不因为用了它，而变得更加科学。再请您解释一下，他们用什么清晰分明的观念来理解线是由没有部分的点构成的？并且，当他们不能忍受这种现实事物中的不可分割的德性之时，是否决心一致接受这种不可分的点，而不是将其定义为"无限可分的最小量"？但点被定义为不可分，那就承认了我们所阐明的那些奇迹：任何不可度量的量和运动，当它们回归到它们的原则，也就是点的时候，就使所有的不等变得相等了。最后，我很想请教您关于我在第一答复中所说的"沙粒"问题：是什么在分割自身的过程中，能够给予并支撑着一种无限的广延和量度；以及这种量度是在活动中（那么沙粒就在现实的意义上是无限的），还是在实体和德性中（这样就适用于无论多么大的广延）？所以，首先有必要消除这些问题，让我们看到这些全是迷雾；然后您说"这个时代的精细而良好的品位"，以及诸如此类的话也许才是合理的。

不过，还是撇开这个时代吧，也就是说撇开这个时代的笛卡尔主义哲学，现在让我回到您身上；在您的善意的允许之下，我可以合法地说，在您批评这一点的时候，您并没有真正考虑我的问题。我使用"德性"和"潜能"这些词语，正像机械学家使用它们一样，这些词语在他们那里的使用是极其广泛的；不过其中有所不同，因为他们将其与具体的形体相联系，而我则说，它们仅仅是大全的特有性质。在第一答复中，我将德性定义为"大全的动力，通过它，大全才产生和支撑一切的具体事物"。这个定义本身也是顺应这个时代的精细而良好的品位的；因为我觉得给予物体以动力，就像给予无知觉物以意愿、渴望和欲望一样。所以我曾极其明白地说过："由于那些优秀的物理学家们的贡献，'自然的爱与憎'、'自然的隐秘法则'，等等，这些被称为'隐秘的性质'的术语，我要说，已经被物理学理论所摈弃。在形而上学中存留至今的，仅剩下'动力'这个词汇了。而且为了使这种关于物理现象的谈论方式完全结束，这个术语也应该从物理学理论中打发到形而上学中去。"（第四章第二节）

然后，因为动力就是大全中的一，并因而在一切不等运动中都永远和自身等同，这一点即使是笛卡尔主义者自己，按照他们的原则也应该理解到的。他们从亚里士多德学派那里接受了形体可以无限分割成可分的部分这个观念，在这一点上我们也同他们相一致：因为亚里士多德同芝诺不一致的是在别的方面，而在这个问题上却是相互一致的。但他说分割至无限的是广延，是属性；而芝诺则说是实体，是本质："因此在我看来，亚里士多德在其他方面与芝诺相左，但在这一方面却相互一致。因为一个讲的是活动（也就是属性），而另一个讲的是德性（也就是实体）。"（第四章第一节）从而我们在运动问题上也会持同样的分割观念；因为给你一个两端重物重量相等的平衡的天平；如果在一端加上一颗沙粒，我要问：是这粒沙子全部的还是部分的重量，使天平不平衡了呢？不会有人回答说是全部的重量；因为我还会分割下去，即使只剩下一个部分，天平仍然是不平衡的。我再对这一半发问，是全部的还是部分的原因；并且如此这般，我同样对那些更小的部分进行发问，而且无论多么小，这种分割我会坚持到无限。这样的话，这种运动的原则即我们所说的"不平衡"，就必然存在于大全之中。但是我要加上一点，即大全是充盈的。所以运动存在于具体物体之中，但在大全之中却不存在，因为大全没有另外一个与之相邻的可以改变位置关系的对象，而位置关系的改变才是运动的本质。故而这是一种在自身之内活动的力量，这种在自身之内的动力就是在自身之内转化的一。这不可能属于形体，因为形体的任何一个部分都会具有一个反抗自己本身的动力；[1]这样，形体的部分倍增到多少，那么动力就会有多少。所以我说，动力并不属于形体，而是属于形体之大全。[2]

---

[1]　普洛克鲁斯，《神学原理》，XV。——英译本注

[2]　维柯表明，动力是运动的形而上学原则，而作为形而上学的原则，必须从物理自然的领域归还给形而上学。在《新科学》中，维柯又将动力从形而上学的领域归还给人的自然本性。参见《新科学》1744 年版，第 340、381、502—504、689、1098 节。动力理论作为运动的心理学和物理学的原则，是霍布斯、斯宾诺莎和莱布尼茨所共有的。参见霍布斯，（转下页）

这种形而上学躲开了所谓"运动的传播"的暗礁，这是比"隐秘的性质"、"同情"、"反感"等更为不定、更为晦暗和更为不可理解的术语。所谓"隐秘的性质"是老实承认不懂事物原因的代称；所谓的"同情"和"反感"，只不过是诗人们的想象创造，他们以此给予无知觉物以感觉和欲望；然而"运动的传播"涉及的却是完全互不相容的事物，简直就是绝不可能、绝不可信的，甚至也不可能成为寓言的材料：因为它要运动脱离与之相互依存的物体，它要将在实体上无非就是物体和物体的运动，从一个物体传到另一个物体。例如在人身上，拍击的手是处于运动状态的，看似静止的球也是处于运动状态的，从我们的讨论可知（第四章第四节），自然界中并不存在静止；手和球周围的空气是运动着的，它也就是手与球之间的空间；它周围的空气也是运动着的，它周围的周围也是运动着的，如此以至大全。由于大全是充盈的，所以手一运动，大全就受到了影响；这样任何一个部分的运动也就成了大全的动力：大全的动力在它的任何一个部分都是无限的。故而手的拍击所起的作用无非是为大全的动力提供了一个场合，不过大全的动力在球中是如此的微弱，看起来似乎是静止的，但是在拍击之下就会展开来，并且在不断展开的过程中，显现为越来越可见的运动。

说这种形而上学与我们时代的精细而良好的品位不相一致，远不是真相。因为在数学因而也在机械学中，人们谈论着很多无限的术语："最大"、"最小"、"较大"、"较小"、"越来越大"、"越来越小"、"一个比另外一个无限大或无限小"，等等，毫无疑问，这些术语搞混了人们的理解力，因为如果没有某种形而上学的帮助的话，无限是脱离任何倍增和比较的。在这种形而上学中要确定的是，在

（接上页）《论物体》（*De corpore*），15、16；斯宾诺莎，《伦理学》（*Ethics*），III，Prop.9；莱布尼茨，《关于物理学和物体本性的研究》（1671）[*Studies in Physics and the Nature of Body* （1671） in G.W. Leibniz, *Philosophical Papers and Letters*, trans. and ed. Leroy E. Loemker, Dordrecht, Reidel, 1970, 第139—142页]。——英译本注

任何广延的部分或有限的活动之中，在任何运动或限定的活动之中，其下都有着永远与自身同一的广延和运动的德性或潜能，也就是在一切现实的广延和现实的运动中它都是无限的。

所以说，动力就是物体质料的特性，不过是形而上学的质料的也就是实体的特性，而不是物理学质料的也就是形体本身的特性；形体的特性是运动。关于物理学质料和形而上学质料的这种区别，我已经给出了："这也就是物理学质料和形而上学质料的区别所在。从物理学质料中，无论抽取何种特殊形式，抽取的都是最好的形式，因为它是在一切形式当中按照那唯一的方式来抽取的。形而上学的质料则不同，因为一切特殊形式都是不完美的，而只有在属或观念自身中，才包含最好的形式。"（第二章）因此，物理学质料最适于在所有形式中接受一种个别的形式；而形而上学质料则最适于接受所有这些形式。这是因为，物理学质料就是形体，它是被限定的；而形而上学质料却是形体的实体，这是你所不能限定的。所以说，例如对于某种植物的生长来说，不是所有的水土空气都是适合的；在不同的水土和不同的种类条件下能够生长得很好的植物，移植到另外的地方就不再生根发芽；但形而上学的质料却能随心所欲地、无差别地接受一切形式；因为实体无差别地是一切形式的基础，因为动力在形成和支撑各种形式的时候，在一切形式中都是毫无差别的。因而就可以推论道：正如在物理学中，人们通过"形体"和"运动"这些术语来看待事物一样，在形而上学中，人们通过"实体"和"动力"这些术语来考察；并且，正如运动在现实的意义上无非就是物体，同样动力在现实的意义上无非就是实体。我希望从所有这些如此考虑的原因出发，您围绕"动力"这个问题提出的整个一系列反对意见，都能够得到圆满的解答。这些反对实际上都立足于前面的那个较小的问题："但是正如我们的作者所教给我们的，动力本身就是运动"，而［您的］这个问题看来确实需要证明。

我愿意以这里的反思作为这个讨论的结语。今天，只要看到物理学的效果能够得到机械学效果的证实，也就是通过了能够提供类似于自然的功用的实验验证，这个时代的精细而良好的品位就得到了全面的满足。故而如果看到物理原因用几何学原因证明出来——几何学原因在抽象世界的运作就类似于形而上学的原因在现实世界的运作——那么这种品位也应该得到满足。因此应该接受以人们能够的那种方式来定义的实体，这种实体显示出这样的特性，即其实质和动力的均等性；这样他就会服从那位

　　　　对万物平等的朱庇特；[1]

因为我们已经拥有的唯一的科学知识，就是关于大小和多少的知识。因此哲学家们对于上帝的第一个观念就是无限，从这个观念而后又汇集了一切其他的神圣属性，而无限这个观念正是关于大小的观念。

　　但您却说："您给出的实体的这个概念除了适合精神实体和思维实体之外，同样可以引申出，它们也是广延和运动的原则；但这却是一个荒唐的证明。"

　　这个难题如同您在关于灵魂不朽的问题上向我提出的其他难题（似乎您手持足足七个问题）一样，如果不是由您提出的话，我可能会认为它们更高地深入到这样一个范围，尽管人们用生命和习俗来加以保护和支持，还是会在同样的辩护中受到伤害。不过，还是让我们就问题本身来讨论吧。我所谓"一般实体"，就是作为事物之基础来支撑事物的不可分者，它就其自身而言是不可分的，但却分割于它所支撑的事物之中；并且毫无差别地是不等的被分割事物的基础。让我们把它分为种。"广延实体"就是无差别地支撑不等广延的实体；"思维实体"就是无差别地支撑不同思维的实体；并且，正如广延的一个部分被另一个部分所分割，但在形体实体内却并不分割，

---

[1]　维吉尔，《埃涅阿斯纪》(*Aeneid*)，X，112。——英译本注

同样，思维的一个部分也就是说一个思想，被另一个部分也就是另一个思想所分割，但在灵魂实体内却并不分割。我相信，如果我没弄错的话，这不存在任何荒唐之处。

现在让我们转而讨论关于人的灵魂不死的这些难题。古人相信，精神是感知的载体，是渗透于神经之中的气；而灵魂则是生命的载体，是渗透于血液之中的气。不过我从未相信，异教神学以此就可以服务于基督教。我在我的第一答复中已经规定，形而上学的形式就是"任何事物借以形成的方式，必须重演事物的各种元素是如何从其原初，以及被大全的一切部分所推动的"。在另外一个地方我还说过，真实认识也就是对形式的认识："知识就是把握事物生成的属或形式。"（第一章第二节）并且在同一个地方，我给出了神的真实和人的真实的区别，即"神的真实是事物的立体像，正如塑像；人的真实则是素描或平面像，犹如绘画"。同时我也揭示了其原因："知识就是对事物生成变易的属或方式的认识。根据这种知识，当心灵将事物的元素结合之时，它也就认识了事物的方式，与此同时，它也就创造了事物。之所以说神的真实是立体像，是因为他把握事物的所有元素；之所以说人的真实是平面像，是因为他仅仅把握事物的外部元素。"（第一章）由此，人类心灵就犹如上帝心灵的一面镜子，因此他才沉思无限和永恒，进而人类心灵也就不再为肉体所局限，并且因而也不再为时间所局限，因为时间是由物体来规定的。一言以蔽之，它是不朽的。如果我没有定义方式、知识和我所说的人的真实和神的真实之间的区别，您所提出的整整七个难题才可以站得住脚。

但在那里您不公正地（请不要介意我这么说）指责我犯了错误，因为我在第一答复中说，血液运动应该归于神经，而您则持相反的看法。因为在您的评论中缺乏现在您在批驳中所作的解释（"什么东西渗入？就是从动脉和血管而来的气"），此外，您的"从那里进入神经管道中"这个用语，看起来似乎否定了气的运动首先渗透入

144

神经管道这个观点；别人很有理由相信，由于心脏中就有血液管道和神经管道，气就不是首先渗透入神经管道——心室的肌肉就是通过神经管道推动的，而心室又是血液的最大关键所在——而是首先渗透入血液管道的。而且，尽管您用这些话来软化您对于某种恶俗的抨击："确然，看起来维柯先生在反对我们时并不公正，就像《思维的艺术》一书的作者所说的亚里士多德常常对付某些哲学家一样，他给他们安上一些莫须有的巨大错误，接着证明他已经有力地驳斥了他们。"不过我却满足于我的虽然不多然而真诚的学问，绝不敢效仿恶俗，与一位伟大的哲学家相提并论。

您所反对的最后一个方面，就是我对于论题法、批判法和方法的讨论。首先您说，我认为存在着错误的知觉，并说："也许这就是一个错误，因为有很多哲学家都讲道，知觉在本质上是正确的，正如一切的感觉一样。"我从没想要说，知觉就其所是而言是错误的，因为感觉即使有时骗人，也是在忠实地执行着它们的职责；任何一个观念，即使错误，自身也总带有某种真实性；所谓错误，则是因为毫无意义，不可理解。我之所以说它们是错误的，是在它们作为矛盾冲突，把心灵推向悬崖，陷入错误的判断这个意义上讲的。

您说："论题法就是为证明无论什么存在而去发现道理和论题的艺术；但直到现在，我们还没有看到有任何论题法给了我们什么规则，以使我们能够很好地管理和引导我们心灵中的各种简单知觉。"

我确实是如此定义论题法的；但是在这种艺术里，"论题"（argumentum）并不意味着"证明的组织"，就像大家从拉丁语中的 argumentatio（辩论，证明）这个词里所理解的那样；它所意指的是为了联结两个既定的判断而找到的第三观念，也就是经院哲学所说的中项；因而可以说，论题法就是发现中项的艺术。但我在那里还说了更多的东西：论题法是把握真实之艺术，因为这种艺术能让我们通过既定事物的一切论题环节，看到能够使我们正确地区别该事物，并且形成关于该事物的恰当概念的一切要素；因为判断的错误无非是因为，观念呈现给我们的东西总是比事物自身或多一些，或少一些：因此关于既定事物，如果我们没有遍及只要我们能够提出的一切特有问题，我们就不能认为我们获得了确定性。这也就是赫伯特在他的《真理研究》中所坚持的方法，这种方法实际上无非就是移植到物理实验应用之中的论题法。

您说："批判法就是教我们应该如何评判我们自己或者他人才智成果的艺术，但我们还不懂，它怎么会成为指导我们的理智运作（它占据了次要位置，并且被一致称作'判断'）的艺术女神。"

艺术无非就是按照特定的目的而安排在一起的规则总和。我想知道，那些围绕着真理的标准而写在逻辑学中的所有规则的综合，除了被称作"批判法"之外，是否还能用另外一个词语来确切地表达？谁如果熟悉希腊的话，当然会回答说不能。这种判断艺术是逻辑学的一个重要部分，这个观点是如此的正确，以至于倾其全力于其上的斯多亚学派庄严地以大全之名，将其称作辩证法。西塞罗这样讨论道：所有真正的论说方法（这就是逻辑学）都包括两个部分，其一是发现的方法，其二是判断的方法，在我看来，亚里士多德可以说在这两方面都是第一人。斯多亚学派则发展了其中一个方面。他们奋力追寻的是各种判断的方法，这门科学他们称为"辩证法"（斯多亚学派这么称呼并不是出于偶然，因为通俗的语言把它称作是"批判法"）。至于被称为"论题法"的发现的艺术，虽然无论如何都更为有用，并且按本性当然应该是位于首位的（因为先有感觉，后有判断），但他们却完全搁下了。[1] 但或许您是在语法学家或者说语文学家那里的含义上来理解"批判法"这个名词的，而不是从哲学家那里来理解的，因此才导致您那样认为。

最后，关于方法您讲道，在笛卡尔主义者那里，方法就是"有效整理和安排我们的思想的艺术，以便我们能够达到某种知识，或

---

[1] 西塞罗，《论题法》，2，6。括号中为维柯所加。——英译本注

者将其教给别人。虽然要达到同一种知识，可以有不同的定义、划分、假设、公理和证明来引导我们，但方法却并没有教我们如何有效地定义、有效地划分、有效地判断和有效地讨论，因为这些都是逻辑学的其他部分特有的事情；它只是教我们应该如何恰当地整理和安排所有那些事情，以便顺利而方便地掌握所要掌握的知识。"由此您得出结论说，整理（ordinare）是区别于前三种方法的另外一种运作方法；并且既然它是一种艺术，它就不是"指导我们的推理和辩论能力的女神，而是指导我们的整理和安排（disporre）能力的女神"。

这里的方法您可以把它理解为以下二者之一。第一，分析方法，可以说就是笛卡尔主义者所用的方法。以这种方法为指导，就是先从既定前提或事物中分离出一般性质，以便达到对其特殊性质的认识，目的是认识它的特性，以便能够给它一个确切的定义；在这方面古人是做得很好的，例如柏拉图在他的《智者篇》中的对话采用的无非就是连续的分析方法，苏格拉底就是凭着这种方法着手对艺术进行划分的，他排除一切其他种类的艺术，以求找到对智者的一个确切的定义。只不过区分和定义是我们的心灵第二运作活动的事情；这些活动是由批判法来约束的，在这方面才智敏锐之人会胜人一筹，因为这里所要做的是区分，而将一个事物与一切与之有联系、有关系的其他事物联结起来（这是另外一种方法，被称作综合法，而实际上就是发现）则是简单知觉的工作，它必须受论题法的调制。亚里士多德采用的正是这种方法，如果没有看到事物内部和外部的一切存在，他就绝不对该事物下定义。论题法发现和汇聚；批判法则从汇聚物中区分和排除。因而论题法的才智较为多产，而较少真理；批判法则较多真理，但却干枯乏味。第二，您可以将方法理解为从真理直接诞生出真理的方法，这就是经院哲学的著名规则，对这条规则的运用就是他们的逻辑学的主要成果，即对结果永远持否定态度，而绝不改变中项；这也就是调制论说的艺术。

但是您却把方法理解为一种安排定义、假设、公理和证明的东西。

让我们使用比较确切的语言来说吧，以便能用明确的观念进行沟通。您站在笛卡尔主义者的立场上所说的这种方法，实际上就属于几何学方法。但是方法却是随着既定题材的不同和复杂程度而变化和复杂化的。在诉讼中主要是演说方法，在寓言中是诗性方法，在历史中是历史方法，在几何学中是几何学方法，在论辩中是辩证方法，即安排论题的方法。如果说几何学方法是我们的心灵的第四种运作方式的话，那么演说、寓言、历史或者必须用几何学方法，或者它们的创作本就没有任何必须归结为我们的心灵的运作的东西；或者如果说几何学方法可以称得上我们的心灵的第四种运作方式，但由于它没有理由位于前面所说的三种运作方式之上，那么演说方法就要争夺第五种，诗性方法争夺第六种，历史方法争夺第七种，建筑学规律、布阵打仗规律，以及因为统帅所有这些规律而超越所有这些规律之上的治理国家的国家政治学说，都可以争夺自己的地位；因为所有这些都是思想的规律。

不过您可能会说："我们这里所说的方法，是引导我们获取某种科学知识的方法，而不是其他的东西。"但是，知觉、判断以及论辩虽然并非科学，却同样归结为我们的心灵的那三种运作方式。故而或者方法，即使它是如您所想象的那样，也同样属于我们心灵的运作，无论科学还是非科学的都归结于此；或者非科学的知觉、判断和论辩都不属于我们心灵的运作。

但除了数目和尺度之外的所有其他题材，都完全不适合几何学方法。这种方法没有事先定义的名称，没有固定的公理，没有在问题中有所规定，就不可能前进。但是在物理学中，必须规定的是事物而不是名称；这里不存在毫无阻碍的判决，你也不能向顽固的自然祈求任何东西。因此这些话在我看来是一种鲜有价值的做作："通过定义 4"，"通过假设 2"，"通过公理 3"，然后用那个严肃的缩略语进行总结:"证明完毕"(*Q.E.D.*);这实际上对我们的心灵没有任何真理的力量,而只是给心灵的猜想以绝对的自由,而心灵在聆听这种震耳欲聋的方法之前,就已拥有这种自由。几何学方法真正运作的时候并不让人知道,而当它轰鸣之时,就是它并不运作的标志:这就像胆怯之人在进攻的时候大声怒喝,却毫无威胁,沉勇之人一言不发,却伤人致命。所以当一个吹嘘方法而无需允可的人说"这是公理","这业经证明"的时候,在我看来,他就像某个画家,他对着自身根本无法辨识的、毫无定形的图像写下这些话来:"这是人","这是林神","这是狮子","这是另外一种东西"。让我们换个角度来看吧:凭着同一种几何学方法,普洛克鲁斯证明了亚里士多德的《物理学》的原则,笛卡尔则证明了自己的,虽然两者并非完全对立,但至少相当不同;然而这两位都是伟大的几何学家,你不能说他们不懂运用方法。所以可以总结道,如果研究对象并非线或数,那就完全不支持这种几何学方法;并且即使移植到它们身上,这种方法也绝不比论题法更有效,因为论题法可以从正反两方面来证明一个既定的问题。所以说,谁跟我说"这个证明有效是对我来说的",实际上等于承认了这并不有效;因为如果它真的有效,那它就应该对两方面都有效。然而一旦对手并不承认,就像西塞罗批评连锁推理方法(这完全对应于笛卡尔的方法)[1]一样,他就可以用下面这些话来反驳:"如果你承认了我的起点因而到达这个结论,那么就是我的错误;但如果是你独立前进的结果的话,那么就是你的错误。"但我并没有要你承认物体自动,或者自然之中有直线运动,或者自然之中存在静止,或者运动可以传播;而这些就是您借以织起这种物理学体系的最初根据。不过以这种方式讨论就陷入了局部问题。还是让我们仅仅关注整体吧。各种哲学对于世界的作用不是别的,就是创造各个民族,并且要在这些民族中繁荣昌盛,它

---

[1] 西塞罗,《学园派哲学》,II,16,49。——英译本注

们要求自身灵活、练达、强健、敏锐和善于反思，这样，它们的人民在劳动中就会柔韧、敏捷、高尚、聪慧和审慎；而数学知识则由于讲究理序，因而有助于培养美、和谐和通达的品性。而且，学问王国在其最初就是根据这条原则建立的，即哲学家满足于可靠之物（probabile）[1]，而让数学家们去追问真理。据我们所知，当世界上保存着这些制度的时候，希腊传下了各门科学艺术的一切原则，并且在之后的无比幸运的数世纪里，涌现出了无数无与伦比的国家、成就、作品，以及伟大的言语与事迹；受到希腊文明熏陶的人类社会从此脱离了野蛮状态，享受着生活的一切福祉与快乐。尔后出现了野心勃勃的斯多亚学派，他们意图混淆上述制度，并且想要用那句哗众取宠的观点来占据数学家的位置："智者同样无知"；于是国家便不再产生更为优秀的东西了。甚至又诞生了一种完全相反的、对人类社会完全无用的怀疑主义者的制度；他们承接了斯多亚主义者的丑闻，因为他们看到斯多亚主义者把那些悬疑宣称为真理，于是就开始怀疑一切。我们的学术王国在被野蛮霸占了漫长的数世纪之后，才又重归同样的制度，即哲学家们的任务就是追寻可靠性，而数学家们则研究真理：然后才将几乎一切正直的、有关人类的便利和愉悦的各门科学艺术恢复到它们已经遗失的古代的光荣之中，而且在很多方面也许更加伟大。新近这种制度再一次被颠覆了，盖然性又占据了真理的位置："明证"这个名称被贬低了，它被运用于任何一种道理，不仅包括可靠的道理，甚至还常常包括那些表面的东西；并且就像在头衔中所发生的那样，*signore*（主人，僭主，上帝）这个称呼以其过于傲慢而被提比略大帝（Tiberius）拒绝，后来却可用于任何一个极其卑俗之人，从而丧失了这个称呼的庄严意义；同样，由于"明证"这个词语可以应用于盖然性上，甚至有时公开应

---

[1] 可靠之物（probabile）：意为或然的、盖然的、极可能的、可信的、可靠的。在强调盖然性时，译作"盖然"，在强调极有可能因而可信可靠时，译作"可靠"。——中译者注

用到错误的道理上去，也就必然亵渎了真理的尊严。现在我们看到，他们虽然在进步，但却忽略了由之而来的巨大损害，因为他们不是暂时，而是至为深远地将自我感知（senso proprio）[1]作为真理的仲裁，也不再研读或者很少研读古代哲学，然而由于人类心灵就像一片土地，即使它拥有肥沃的才力，假如不以广泛的阅读尽心浇灌，很快也就会枯竭。而且就算有人研读，研读的也是翻译作品，因为今天人们认为语言的学习是无用的——这是根据笛卡尔的权威，因为他说过："懂得拉丁语并不比西塞罗的女佣懂得的更多。"同样的情形也发生在希腊语身上；于是这两种语言的文化就遭受了不可估量的损失，法国学者杜宾（Dupin）就曾对此扼腕长叹；因为这两大民族，一个在世界上最为博学，另一个则最为伟大，而我们只有通过研读他们的作家才能与他们的精神沟通。是的，我们思考的是新方法，但却找不到新事物；即使有新发现也是从实验中取来，然后用新方法包装组织起来：因为方法只有在你能够用它联结事物元素的时候，才是适于发现的；但这仅在数学中才能成功，在物理学中则是遭到否定的。但是更为严重的是，现在又引进了一种伪装成真理的怀疑主义，因为它在任何个别事物中都构造体系，也就是说，不存在任何公认的、决定个别事物的普遍之物；并且由此产生了一种弊端，即任何个别的事件都能最大程度地影响着生活的普遍原则，正如在亚里士多德所讲的那些思想短浅之人身上所见到的一样。确然无疑，我们应归功于笛卡尔，他让自我感知成为真理的准则，因为完全服从于某种权威，是太过于卑贱的奴性行为；还必须归功于笛卡尔的是，他要求思维要有秩序，因为讲太多太散乱的 *obiicies primo*（第一反对意见）、*obiicies secundo*（第二反对意见），就是思

---

[1] 自我感知（senso proprio）：从自我出发的感知、知觉、意识，等等。这一点似乎可以作为对笛卡尔以来整个近代到现代哲学的批评。下文维柯还用了 prorpio sentimento（自我感知、意识等）以及 prorpio giudizio（自我判断、评价等）来表示同样的意思。——中译者注

考过于紊乱。[1]但是可惜的是，他除了自我判断（proprio giudizio）之外，不受其他支配，除了几何学方法，别无其他方法。现在是时候让我们从两个极端走向中庸了：要跟随自我判断，但也要参考权威；要运用［思维的］秩序，但也要看事物是否允许。要不然的话，尽管可能需要一段时间，但他们终究会发觉，笛卡尔的所作所为，与那些成了暴君的人的亘古不变的惯行毫无二致，他们的崛起凭借的是拥护自由之名，但是一旦他们重权在握，就成了比那些镇压者还要残酷的暴君。笛卡尔宣称，凭借自然之光，人就可以懂得他已经懂得的东西，因而使得人们忽略了对其他哲学家的研读。头脑单纯的青少年们当然是乐意陷入这个谎言的，因为漫长而辛苦的大量研读是令人厌倦的，而对于心灵来说，最大的愉悦莫过于迅速轻松地掌握一切。然而，尽管笛卡尔自己以其高超的艺术在言语中掩饰，但实际上他自己却极其精通各种流派的哲学，数学造诣也为世界所极力推崇，却过着隐蔽而极为恬淡的生活。而且更重要的是，不是每个世纪都能够诞生出一个可与之相匹敌的大家。拥有这样的条件的人，如果他要追随他的自我判断，当然是可以的；但他人却未必有理由可以这样做。请他们读一读笛卡尔所读过的柏拉图、亚里士多德、伊壁鸠鲁、圣·奥古斯丁、培根以及伽利略等，再请他们想一想，笛卡尔隐居了多少年精心钻研他的学问，这样也许世界才会再诞生出一个哲学家，与笛卡尔不相上下。但是，有了笛卡尔，有了自然之光，所产生的却永远是比他渺小之人；而笛卡尔却在他们之间建立了一个王国，他独自摘取这种罪恶的政治原则的果实，却彻底翦除了他人由之而达到最高权力的阶梯。这里主要是因为您指责了我的简略，要求我详加解释，所以我才勉强讲得稍微清晰广泛，因为我并不想引起笛卡尔主义者的不快，我和他们也有密切的

---

[1] 在许多经院派的哲学和神学论著中，结论（conclusiones）之后，常常就是对该结论的 obiicies（反对意见，难点），最后是对这些反对意见或难点的回答（responsiones）。——中译者注

友谊关系。但是，因为除了笛卡尔之外，他们也是极为博学的，所以他们在那方面更应该把握这一点；出于为世界造福而考虑，我建议他们为想成为优秀哲学家的青少年们做个模范。

最后，我想用一个适用于您的一切反对意见的答复来作为结语：当您提出您的反对意见的时候，实际上您是在为青少年们考虑，因为他们希望的正是这样的学问；并且您考虑他们的情况和特点的时候，正像那些演说家们一样，他们把实际上是客户的案件当作他们自己的案件；青少年们会遇到的、您能够满足他们的所有这些难题，您都已经向我提出了，因而，虽然我的那本书本来是写给像您一样的学者们的，现在同样也可以为他们所用了。这是您的这番话和其中的尊敬之意促使我相信这一点的："在这里我们可以合理地说，我们并不是出于恶意，想要使上述一切问题显得相互矛盾、不相融合，因而是错误的，或者至少是不可信的；而仅仅意在简单地指出一些需要某种解释和证明的地方。如果加姆巴蒂斯达·维柯先生（我们相信他的人品永远犹如他的学问）愿意垂青我们的这篇批驳，并且认为值得再写一篇答复的话，那么我们就可以将他的第一本小书《形而上学》，他的第二本小书即他的答复，还有我们在本文中所说以及他将要对我们作出的答复这三者统一成一个整体，这样我就可以说，我们认为我们达到了我们的意图，即这些著作结合在一起，就不再是一个极其简略的形而上学的观念，而是一个在其所有方面都已完善的完整的形而上学。"因此我希望，而且应该希望世界能够相信，在这篇答复中，我并未与您争执，相反我是听从了您的要求；并且，在遵从极为高贵的阁下的同时，奉上了我最为谦逊的敬意。

声　明

为了不至于使人能够刻意歪曲在我的关于形而上学的这些小书里的任何话，我把下列散见于各处的问题放在一起，从这里人们可以理解我所宣称的观点：即产生的实体不仅在其实存上，而且在其本质上，都是区别和不同于上帝实体的。我在《形而上学》第四章说，本质是事物的德性；在第一答复中说，本质为实体所特有。在第二答复中曾说，essere（是，存在）为上帝所特有，esserci（存在于此，实存）则为产生物所特有，关于此，经院哲学家则说得非常恰当："上帝以其本质而是实体，产生物则因为分有而是实体。"因此，上帝作为实体的方式，与产生物作为实体的方式是不一样的；由于存在的理性亦即本质，为实体所特有，很清楚，即使在本质的意义上，产生物的实体也是有别于上帝实体的。

专名索引

拉汉术语索引

图书在版编目(CIP)数据

论意大利最古老的智慧:从拉丁语源发掘而来/
(意)维柯(Giambattista Vico)著;张小勇译. —上
海:上海人民出版社,2019
(维柯著作集)
ISBN 978-7-208-15832-0

Ⅰ.①论… Ⅱ.①维… ②张… Ⅲ.①拉丁语-词源
学-研究 ②哲学史-研究-意大利 Ⅳ.①H771.3 ②B546

中国版本图书馆 CIP 数据核字(2019)第 079440 号

责任编辑　王笑潇　　任俊萍
封面设计　陈　楠

维柯著作集

论意大利最古老的智慧
——从拉丁语源发掘而来
［意］维柯 著　张小勇 译

出　　版　上海人民出版社
　　　　　　(200001　上海福建中路193号)
发　　行　上海人民出版社发行中心
印　　刷　江阴金马印刷有限公司
开　　本　635×965　1/16
印　　张　14.5
插　　页　5
字　　数　181,000
版　　次　2019 年 8 月第 1 版
印　　次　2019 年 8 月第 1 次印刷
ISBN 978-7-208-15832-0/B·1395
定　　价　68.00 元

根据 Giambattista Vico, *Opere filosofiche*，testi，versioni e note a cura di Paolo Christofolin，Sansoni Editore，1971 中的 *De antiquissima Italorum sapientia ex linguae Latinae originibus eruenda*（1710）译出，

根据 Giambattista Vico，*De antiquissima Italorum sapientia*，con traduzione italiana a fronte，a cura di Manuela Sanna，Roma，2005，Edizioni di storia e letteretura 校订。